HANS KRUPPA

Wenn das Herz leuchtet

Geschichten für Sinnsucher

Mit Illustrationen von
Catherine Ducloux

Einen Schatz finden

Der junge Goldschmied Golan beschloß, sein Leben zu ändern, nachdem er erkannt hatte, daß die allgemeine Art zu leben so sehr von grauer Oberflächlichkeit, armseligen Gewohnheiten und hohlem Gerede bestimmt war, daß sie nur falsch sein konnte.

Er konnte nicht verstehen, daß kaum ein Mensch in der ganzen Stadt sich die Frage nach dem Sinn seines Daseins stellte und nach befriedigenden Antworten suchte. Das Leben war doch mehr als eine zwangsläufige Folgeerscheinung der Geburt, es war ein zu lüftendes Geheimnis, ein zu lösendes Rätsel, ein Weg, den es zu finden galt.

So gab Golan seinen Beruf auf, verkaufte alle Habseligkeiten, packte seinen Rucksack und verließ die Stadt, weil seine innere Stimme ihm sagte, daß er hier nicht finden würde, wonach er suchte.

Drei Jahre lang zog er durch das Land, begegnete vielen Menschen, darunter auch manchen, die wie er auf der Suche nach dem eigentlichen Sinn des Lebens waren. Mit einigen von ihnen freundete er sich an, und sie wurden seine Reisegefährten, bis ihre Wege sich wieder trennten. Von jeder Begegnung nahm Golan etwas mit, das sein Herz erfrischte und seinen Geist bereicherte. Doch seine tiefsten Fragen blieben unbeantwortet.

Wenn er Geld benötigte, nahm er eine Gelegenheitsarbeit an und zog bald wieder weiter, in der Hoffnung, daß sich eines Tages sein Traum erfüllen würde, den er in der Nacht vor seinem Aufbruch gehabt hatte. Darin war er einem weisen Mann begegnet, der ihm klare Antworten auf die wichtigsten Fragen gab, die ihm auf der Seele lagen.

Es sollten aber noch zwei weitere Jahre vergehen, bis seine Hoffnung sich erfüllte. Jahre, in denen er immer öfter von dem Gefühl geplagt wurde, daß seine Suche vielleicht vergeblich sein könnte und er sie schließlich ermüdet aufgeben und sich mit dem begnügen müßte, was der großen Mehrzahl aller Menschen offensichtlich genügte – ein Leben ohne tieferen Sinn, ohne höhere Bedeutung.

Eines Nachmittags wanderte Golan durch ein grünes, weitläufiges Tal, durch das sich ein Fluß schlängelte. Zu seiner Überraschung erblickte er nach einer Wegbiegung ein kleines, hinter Bäumen und blühenden Sträuchern verstecktes Holzhaus, auf dessen Terrasse ein älterer Mann saß, der auf ihn zu warten schien – als habe Golan ihm seinen Besuch angekündigt. Der Mann winkte freundlich und forderte ihn mit einer Handbewegung auf, zu ihm zu kommen.

Golan zögerte nicht, der Einladung zu folgen.

»Willkommen! Mein Name ist Kalim. Ich habe letzte Nacht geträumt, daß du mich heute besuchen würdest«, eröffnete der Mann das Gespräch. »Also habe ich heute morgen einen zweiten Stuhl auf die Terrasse gestellt.«

Sprachlos fühlte Golan sein Herz bis zum Hals klopfen, während er sich zu dem Mann setzte und nach den richtigen Worten suchte. »Ich heiße Golan«, sagte er schließlich, »und bin auf der Suche nach dem wahren Leben.«

Kalim, der etwa doppelt so alt wie Golan sein mochte, sich aber die strahlenden Augen eines lebensfrohen jungen Mannes bewahrt hatte, nickte lächelnd. »Ich weiß. Du hast mich gefunden, weil ich es gefunden habe. Ich habe es wie du jahrelang auf abenteuerlichen Reisen gesucht, bis ich vor etwa zehn Jahren in diesem wunderschönen Tal entdeckte, daß das wahre Leben in mir selbst verborgen liegt. Also habe ich mir dieses kleine Haus gebaut und bin hiergeblieben.«

Golan spürte eine seltsame Erregung in sich wachsen. »Du hast das wahre Leben gefunden? Ja, ich sehe es in deinen Augen. Sie blicken bis auf den Grund der Schöpfung. Ich ziehe nun schon seit fünf Jahren durch dieses große Land und suche es noch immer. Zu Beginn meiner Reise habe ich von einem Mann geträumt, den ich eines Tages treffen würde. Er hatte deine Augen.«

Kalim lächelte. »Unsere Träume sind oft die Wegweiser unserer Seele. Sie sagen uns, was wir eigentlich wollen und wer wir wirklich sind. Du wirst in den Jahren deiner Wanderschaft manches erlebt und gelernt haben.«

»Ich habe so manche Erkenntnisse über mich und die Menschen gewonnen. Und in besonderen Augenblicken fühlte ich mich dem wahren Leben nah. Doch immer wieder entfernte ich mich von ihm, ohne es zu wollen.«

»Ja, so geschieht es oft auf der Suche. Viele geben sie leider zu früh auf, weil sie müde sind und ihre Hoffnung schwindet. Doch das Finden geschieht meistens unverhofft. Oft ereignet sich das, was wir uns am meisten wünschen, erst spät, wenn wir die Hoffnung eigentlich schon aufgegeben haben. Wer hofft, lebt für die Zukunft, für ein Ziel. Aber immer nur auf etwas zu hoffen, was noch kommen kann, hindert daran, ganz und gar im Augenblick zu sein. Und gerade darauf kommt es an, denn nur in der vollkommenen Gegenwärtigkeit offenbart sich das wahre Leben.«

»Ich habe immer nur einen flüchtigen Blick darauf werfen können, ich konnte seinen Glanz erahnen. Doch dann verlor ich es wieder und wieder«, sagte Golan. »Dabei sollte es doch nicht so schwierig sein, einfach in der Gegenwart zu bleiben.«

»Das Leichteste ist oft das Schwierigste«, erwiderte Kalim. »Wenn du im wahren Leben bist, siehst du allerdings keinen Unterschied mehr zwischen leicht und schwierig, denn alles ist im Grunde eins. Du findest deinen Weg mit derselben Natürlichkeit und Sicherheit wie dieser Fluß, an dessen Ufer sich meine inneren Augen öffneten. Hier erkannte ich, daß ich das wahre Leben überall entdecken kann, wenn ich es einmal in mir gefunden habe. Bis zu diesem Zeitpunkt hatte ich es überall gesucht und nirgendwo gefunden. Es war seltsam festzustellen, daß ich jahrelang umhergereist war, um schließlich zu erkennen: Ich hätte mich nicht von der Stelle bewegen müssen, um es zu finden. Und doch mußte ich es.«

»Das hört sich eigenartig an«, sagte Golan.

»Es klingt nur so, weil es dem Verstand so erscheint«, erklärte Kalim. »Doch der Verstand täuscht sich und jeden, der ihm blind folgt. Nur die Seele kennt den Weg ins Eigentliche.«

Kalim stand von seinem Stuhl auf, ging einige langsame Schritte und blickte auf den Fluß hinunter. »Dort saß ich damals am Ufer, sehr müde und enttäuscht von der Vergeblichkeit meiner langen Reise, voller Zweifel und düsterer Gedanken, und blickte auf die Oberfläche des Wassers. Plötzlich kam die Sonne hinter einer dunklen Wolke hervor. Ihr Licht fiel mit einem Schlag auf den Fluß und spiegelte sich mit einem übermütig tanzenden Glitzern wider. In diesem Augenblick erhielt ich die langersehnte Antwort auf meine Frage nach dem richtigen Weg. Ich erkannte in der dunklen Wolke meine eigenen Gedanken, mehr noch, meinen Verstand schlechthin. Meine Gedanken hatten sich, wie die Wolke, vor die Sonne meiner Seele geschoben. Plötzlich wich sie zur Seite und offenbarte mir das Licht, das unentwegt in meiner eigenen Seele strahlt. In diesem wundervollen Augenblick wurde ich eins mit mir, eins mit dem wahren Leben – und wußte, daß diese Vereinigung endgültig sein würde. Meine Freude und Dankbarkeit kannten keine Grenzen, ich tanzte und sang am Ufer des Flusses und stürzte mich schließlich jubelnd in sein klares Wasser.«

Kalim setzte sich lächelnd wieder zu seinem Besucher an den Tisch. Die Luft war angenehm warm und erfüllt von dem Duft blühender Sträucher und dem Gesang der Vögel in den Bäumen.

»Ich freue mich sehr für dich, daß du dein Ziel erreicht hast«, sagte Golan. »Und ich schöpfe Mut und Kraft aus deinen Worten. Denn wenn es dir gelungen ist, den Weg ans Licht zu finden, kann es auch mir gelingen.«

»Es wird dir gelingen, Golan! Es wird geschehen und dich mit seiner Pracht überwältigen. Du wirst verstehen – und nicht begreifen, warum du nicht eher verstanden hast, denn es war schon immer in dir. Es hat sich nie vor dir versteckt, du hast es nur nicht richtig gesucht. Aber du wirst es finden, wie jeder wirklich Suchende es früher oder später entdeckt.«

»Deine Ermutigung tut mir gut, Kalim, denn ich bin schon sehr lange unterwegs, und nicht nur meine Beine sind müde geworden.«

Kalim nickte mitfühlend. »So ging es mir auch in den letzten Monaten vor meiner inneren Befreiung. Oft war ich kurz davor, meine Suche aufzugeben. Deshalb rate ich dir: Sei wachsam, um die Zeichen zu erkennen, die das Leben dir gibt. Bleibe geduldig und gelassen, wenn Belastungen und Rückschläge dich bedrücken. Nimm auch die unangenehmen Überraschungen an als unvermeidlichen Teil des Ganzen, aber trage sie keinen Schritt länger als nötig in die Zukunft. Suche unermüdlich den Weg ins Herz des Augenblicks. Dort findest du Weisheit, dort findest du das wahre Leben. Und laß dich nicht von deinem Verstand an der Nase herumführen!«

Golan betrachtete seinen unverhofften Gastgeber mit wachsender Bewunderung.

»Der Verstand hat zwei Gesichter«, fuhr Kalim fort, »das eines Helfers und das eines Verhinderers. Er kann uns in alltäglichen Dingen nützen, aber auf der Suche nach dem Wesentlichen lähmen. Oft ist es so, daß seine Bedenken und Zweifel, die uns vor Schwierigkeiten schützen sollen, uns erst in wirkliche Probleme bringen. Der Verstand hat Angst vor allem, wovor man nur Angst haben kann, aber er fürchtet am meisten die Erkenntniskraft der Seele, die uns Einsichten zu schenken vermag, die er nicht versteht. Er fürchtet die Seele, weil sie seine Macht brechen kann.«

»Eben habe ich in Gedanken darüber geklagt«, sagte Golan, »daß ich dir nicht eher begegnet bin. Dabei sollte ich mich freuen, dich überhaupt gefunden zu haben.«

»Ja, Golan, so ist der Verstand, der Vater unserer Gedanken. Er ist ein strenger, von Natur aus unzufriedener Vater, dem man es nie recht machen kann. Schenkt man ihm eine Flasche mit Wasser, beklagt er sich darüber, daß man ihm nicht den Weg zum Brunnen gezeigt hat. Zeigt man ihm den Weg zum Brunnen, beschwert er sich darüber, daß der Weg so lang und beschwerlich ist. Schenkt man ihm einen Esel, der ihn zum Brunnen tragen kann, ist er beleidigt, daß man ihm kein Pferd geschenkt hat. Erwarte keine Weisheit, keine Dankbarkeit, keine Bescheidenheit von dem Verstand. Er gleicht einem maßlos verwöhnten, in sich selbst verliebten Prinzen, der immer und immer mehr haben will und doch nie zufrieden ist.«

»Es ist wunderbar zu erleben«, sagte Golan nach einer Weile gemeinsamen Schweigens, »wie jedes Wort, das du sagst, aus der Tiefe deines Wesens kommt, so natürlich und rein wie Wasser, das aus einer Quelle sprudelt.«

»Eines Tages, Golan, wirst auch du so sprechen, aus der Mitte deiner Seele, und ein Suchender am Ende seiner Kräfte wird zu dir kommen, wie du heute zu mir gekommen bist. Und du wirst ihm neuen Mut geben, damit er seine Suche vollenden kann«, prophezeite Kalim. »Viele geraten früher oder später an den Punkt, wo sie ihre ganze Suche in Frage stellen, lassen sich durch Enttäuschungen entmutigen und geben kurz vor dem Ziel auf. Enttäuschungen entstehen aber nicht, damit du an ihnen scheiterst, sondern damit du aus ihnen lernst, dich nicht mehr zu täuschen, weder in anderen Menschen noch in dir selbst. Deshalb sind Enttäuschungen, so schmerzlich sie auch sein mögen, unentbehrliche Begleiter auf der Reise zu dir selbst.«

»Im Licht deiner Worte«, sagte Golan, »erkenne ich den Sinn vieler Dinge, die mir in den letzten Jahren widerfahren sind. Ich sehe jetzt auch, daß ich dich heute genau zum richtigen Zeitpunkt getroffen habe, ohne daß ich dir sagen könnte, woher ich es weiß. Ich danke dir für die Zuversicht, die du mir schenkst. Wenn ich auf meinem weiteren Weg anderen Suchenden begegne, werde ich ihnen von unserer Unterhaltung erzählen.«

»Aber verrate ihnen nicht, wo ich lebe«, bat Kalim seinen Gast. »Wenn sie den Weg zu mir nicht von selbst finden, brauchen sie die Begegnung mit mir nicht. Sage ihnen, daß sie sich ihre innere Freiheit durch nichts und niemanden nehmen lassen dürfen, daß sie die Augen des Herzens immer offenhalten und auf die Stimme der Seele hören sollen.«

»Ich werde es ihnen ausrichten«, versprach Golan. »Und wenn sie mich fragen, wie sie andere Menschen richtig einschätzen sollen?«

»Golan, ich freue mich, daß du an die anderen Suchenden denkst. Das zeigt, daß du deinem Ziel nicht mehr fern bist, denn Mitgefühl ist ein Vorbote der höchsten Einsicht. Bei der Einschätzung eines anderen Menschen sollen sie vor allem eines bedenken: Stimmen seine Worte mit seinem Verhalten überein, haben sie einen ehrlichen, glaubwürdigen Menschen gefunden, dem sie ihr Vertrauen schenken können. Doch wenn seine Worte eine andere Sprache als seine Handlungen sprechen, tun sie gut daran, sich an seine Handlungen zu halten, denn in seinem Handeln offenbart sich das Wesen eines Menschen zuverlässiger als in seinen Worten.«

»Auch das werde ich ihnen überbringen, Kalim. Oft habe ich mich auf meiner Reise gefragt, warum sowenig Gutes zwischen den Menschen geschieht. Jetzt glaube ich den Grund zu wissen: Sie lassen es nicht geschehen. Sie halten die Türen der Liebe und des Vertrauens verschlossen, weil sie Angst haben, daß ihnen etwas Schlechtes widerfahren könnte, wenn sie sich öffnen. Aber gerade diese Angst verhindert, daß etwas Gutes entstehen kann.«

Kalim nickte zustimmend. »Ja, die Angst ist eine mächtige Herrscherin und ein großes Hindernis auf dem Weg zu Lebensweisheit und Selbstfindung. Die meisten Menschen lassen sich von ihr aufhalten, statt zuversichtlich für ihr Seelenheil zu leben, das nur der Mensch gewinnen und bewahren kann, dessen Vertrauen ins Leben stärker ist als die Angst vor ihm.«

»Fühlst du dich hier nicht manchmal ein wenig einsam?« brach Golan das Schweigen, das nach Kalims Worten entstanden war.

Kalim lachte. »Nein, seit dem Tag meiner Befreiung kenne ich dieses Gefühl nicht mehr. Wenn du weiter flußabwärts gehst, wirst du bald zu einem Dorf gelangen. Dort besorge ich mir, was ich zum Leben brauche. Und wenn mir danach ist, finde ich dort auch Gesellschaft.« Der Einsiedler blickte flußabwärts. »Manchmal kommt der eine oder andere Dorfbewohner zu mir. Meistens suchen sie meinen Rat. Häufig rate ich ihnen, was ihrem inneren Frieden und dem Dorffrieden dienlich ist. Ich freue mich, wenn sie mich besuchen, und ich freue mich, wenn sie wieder gehen. Sieh nur, wir haben Besuch von der Schönheit.«

Kalim betrachtete mit großem Entzücken einen Schmetterling, der sich auf den Tisch gesetzt hatte, an dem die beiden Männer saßen, und sagte leise, als wolle er den bunten Gaukler der Lüfte nicht verscheuchen: »So unverhofft, wie dieser Falter zu uns gekommen ist, kommt alles Schöne in unser Leben.«

Nach Kalims Worten flog der Schmetterling wieder davon. Golan spürte, daß der Zeitpunkt gekommen war, sich von dem Menschen zu verabschieden, den er so lange gesucht und schließlich gefunden hatte.

»Wie kann ich dir danken, Kalim, für alles, was du mir mit auf den Weg gegeben hast?«

»Indem du ihn weitergehst, bis du dein Ziel erreichst.«

»Das verspreche ich dir.«

Nach dem Abschied von Kalim konnte Golan nicht dem Drang widerstehen, im Wasser des Flusses zu baden, an dessen Ufer Kalim das wahre Leben gefunden hatte. Nach seinem Bad ließ er sich von der Sonne trocknen und setzte schließlich beschwingt wie lange nicht mehr seine Wanderschaft fort.

Bald erreichte er das Dorf, von dem Kalim ihm erzählt hatte. Ein paar hundert Menschen hatten sich dort niedergelassen und führten ein Leben, dessen Alltäglichkeit Golan nicht genügen würde. Die Leute, denen er im Dorf begegnete, wirkten nicht unzufrieden, aber auch nicht glücklich mit ihrem Los. Sie sahen ihn neugierig an und grüßten freundlich, aber drängten sich nicht auf. Golan war es recht so, denn er verspürte kein Bedürfnis nach Gesellschaft.

Als er den Dorfplatz erreichte, lud ihn eine Holzbank unter dem Blätterdach einer Eiche zu einer kleinen Rast ein. Er nahm seinen Rucksack ab, setzte sich und betrachtete die vorbeigehenden Menschen, die ausgelassen miteinander spielenden Kinder, die umhertollenden Dorfhunde. Golan war ganz Auge, ganz in der Gegenwart. In der vollkommenen Gegenwärtigkeit offenbart sich das wahre Leben, hatte Kalim gesagt. Golan spürte, wie die Worte des Weisen ihm halfen, immer gegenwärtiger zu werden.

Vor seinem geistigen Auge sah er das Gesicht des Einsiedlers am Fluß, das die tiefe Einsicht ins Wesen des Lebens ausdrückte, die er gefunden hatte.

Plötzlich hörte er schnelle Schritte hinter sich, und im nächsten Augenblick stand ein Mädchen neben ihm, vielleicht acht Jahre alt, und sah ihn aus großen Augen an, deren Glanz ihn an das Strahlen der Augen des Einsiedlers erinnerte.

Das Mädchen streckte die Hand aus, in der es eine wunderschöne blaue Blume hielt, gab sie Golan mit einem Lächeln und sagte: »Für dich.«

Golan betrachtete voller Freude das überraschende Geschenk. Dann führte er die Blume zu seiner Nase, wobei er sich darüber wunderte, daß sein Herz klopfte wie das eines Verliebten, der seine Liebste küßt.

Als er den berauschenden Blütenduft tief einatmete, geschah es: Mit einem Schlag fiel die Mauer, die ihn bis zu diesem Augenblick vom Ziel seiner Suche getrennt hatte, und er trat ins wahre Leben ein. Überschäumende Freude durchströmte ihn, und er begann zu strahlen. Er hatte das wunderbare, befreiende Gefühl, ins Innerste des Lebens zu blicken, und dort war alles, was er gesucht hatte: Frieden, Schönheit und Freiheit, Liebe, Glück und helle Freude.

Auf dem Dorfplatz war es plötzlich ruhig geworden. Kein Mensch oder Tier war mehr zu sehen. Es war, als hielte die Zeit den Atem an, und über allem lag ein leuchtender, kostbarer Frieden, den Golan mit Leib und Seele einatmete. Es war noch immer dasselbe Dorf, aber Golan war ein anderer geworden, und deshalb war auch das Dorf ein anderes. Alles hatte sich verändert: der Brunnen auf dem Platz, die Bäume vor den Häusern, die weißen Wolken am Himmel. Die ganze Welt war eine andere geworden. Mit den Augen der Seele erkannte Golan die tiefe Schönheit, die vollkommene Harmonie, das unfaßbare Wunder der Schöpfung – und nahm es mit dem Herzen eines Liebenden auf.

Was immer ihm auch gerade geschehen war, es hatte ihn unwiderruflich verändert, es hatte ihn zu dem Ziel geführt, nach dem er sich so lange gesehnt hatte. Golan war eins geworden mit dem Wesen des Lebens, und sein Lächeln war das Lächeln des glücklichen Finders eines unverlierbaren Schatzes.

Der Schneemann und die Krähe

Eine Krähe setzte sich auf den Kopf eines Schneemanns und fragte ihn: »Wie bist du in diesen Garten gekommen? Gestern warst du noch nicht hier!«

»Die Kinder im Haus haben mich heute morgen gebaut. Sie hatten große Freude dabei. Und jetzt erfreue ich mich meines unverhofften Lebens.«

»Warum?« fragte die Krähe.

»Aus vielen Gründen.«

»Nenne mir ein paar!«

»Schau nur, wie wunderschön die Sonne auf der Schneedecke glitzert!« schwärmte der Schneemann. »Wie herrlich die Bäume aussehen, als wären alle ihre Äste und Zweige mit Puderzucker bestäubt worden! Wie zauberhaft das Himmelszelt leuchtet in seinem vollkommenen Blau!«

»Du weißt, daß deine Freude nur kurz sein wird«, mahnte die Krähe. »Genauer gesagt: nur so lange, wie der Frost sich hält. Und der hält sich in dieser Gegend selten länger als wenige Tage.«

»Dann freue ich mich auf diese wenigen Tage«, sagte der Schneemann.

Die Krähe krächzte mißbilligend. »Ein so kurzes Leben ist nicht viel wert. Kaum hat es richtig angefangen, schon ist es wieder zu Ende.«

»Und wenn schon. Es kommt doch nicht auf die Länge des Lebens an, sondern auf die Freude daran.

Ein glücklich verlebter Tag ist mehr wert als ein unglücklich verbrachtes Jahr.«

»Das mag sein«, gestand die Krähe zu. »Aber je mehr Freude du an deinem kurzen Leben hast, desto trauriger wirst du sein, wenn du schmilzt.«

»Ich werde nicht traurig über das Unvermeidliche sein«, erklärte der Schneemann. »Ich werde dankbar dafür sein, daß ich in Freude gelebt habe.«

»Dankbar für ein paar Tage?« fragte die Krähe skeptisch.

»Ja. Dankbar für jeden Tag, jede Stunde, jeden Augenblick. Auch dankbar für die Begegnung mit dir.«

Die Krähe schüttelte den Kopf. »Du bist ein hoffnungsloser Fall«, unkte sie und flog davon.

»Ich bin nicht hoffnungslos. Ich hoffe, du besuchst mich noch einmal, bevor der Frost endet«, rief der Schneemann ihr hinterher. »Denn auch du bist herrlich anzusehen in deinem schwarzen Gefieder vor dem Hintergrund der weißen Wunderwelt.«

Der alte Mann und die Zeit

Ein alter Mann bekam Besuch von der Zeit und nutzte die Gelegenheit, sie zu fragen, warum die Tage immer kürzer werden, je älter ein Mensch wird.

»Es sind die Illusionen, die den Tag lang erscheinen lassen«, erklärte die Zeit. »Mit dem Älterwerden verliert der Mensch viele Illusionen. Auch die Illusion, daß ich langsam vergehe, denn in Wahrheit bin ich immer in Eile.«

»Doch manchmal bleibst du stehen«, wandte der alte Mann ein.

»Ja«, stimmte die Zeit zu und lächelte. »Immer, wenn die Liebe sich mir in den Weg stellt.«

Die Bitte des Spiegelbildes

Ein junger Mann, der sehr gern lange schlief, aber an jedem Arbeitstag um sieben Uhr von seinem Wecker aus dem Schlaf gerissen wurde, tapste verschlafen und mürrisch ins Badezimmer. Sein erster Blick fiel auf sein Spiegelbild, das ihn mit griesgrämigem und schlaftrunkenem Gesicht ansah.

Als er zur Zahnbürste griff, bekam er einen gehörigen Schrecken, denn sein Spiegelbild sagte zu ihm: »Allmählich habe ich es satt, ein so frustriertes, vorwurfsvolles Gesicht spiegeln zu müssen. Warum versuchst du nicht, mir ein Lächeln zu schenken? Ich gebe es dir bestimmt zurück. Auf diese Weise fängt für uns beide der Tag gleich viel schöner an. Und was gut anfängt, kann nur besser weitergehen.«

»Aber wie soll ich es schaffen zu lächeln, wenn ich noch so müde bin, daß ich am liebsten wieder zurück ins Bett torkeln würde?« fragte der junge Mann.

»Wenn du es nicht mit den Gesichtsmuskeln schaffst, nimm deine beiden kleinen Finger als Hilfe und ziehe damit deine Mundwinkel nach oben. Das wäre schon mal ein Anfang! Bitte versuch es wenigstens!«

Der junge Mann erfüllte die Bitte seines Spiegelbildes. Obwohl – oder vielleicht, gerade weil – das derart erzwungene Lächeln etwas Lächerliches hatte, amüsierte es ihn, und dieses Vergnügen weckte einen Teil seiner noch schlafenden Lebensgeister.

An den folgenden Morgen wiederholte er die Prozedur, bis es ihm nach einer Woche gelang, auch ohne Zuhilfenahme seiner Finger zu lächeln.

»Das machst du sehr gut«, lobte ihn sein Spiegelbild. »Jetzt sollte dein nächstes Ziel sein, nicht nur mit dem Mund zu lächeln, sondern auch mit den Augen.«

»Das wird sehr schwierig«, prophezeite der Mann.

»Es wird dir schon gelingen!« ermunterte ihn sein Spiegelbild. »Ich glaube an dich!«

Nach einem Monat stellte er eines Morgens überrascht fest, daß es ihm gelungen war, nicht nur mit dem Mund, sondern auch mit den Augen zu lächeln.

»Ich danke dir«, sagte sein Spiegelbild. »Jetzt spiegele ich dich sehr gern!«

»Ich habe dir zu danken«, antwortete der junge Mann. »Es fällt mir inzwischen viel leichter, meinen Arbeitstag zu beginnen.«

Eine Woche später kam er in der Bahn, mit der er immer zur Arbeit fuhr, mit einer jungen Frau ins Gespräch, deren Sympathie er mit seinem strahlenden Lächeln auf Anhieb gewann. Als er ihr von seinem Beruf erzählte, den er noch lieber ausüben würde, wenn er nicht jeden Morgen um sieben Uhr aufstehen müßte, versprach sie ihm, mit ihrer Tante zu sprechen: der Führungskraft eines Unternehmens, das gerade auf der Suche nach einem guten neuen Mitarbeiter war.

Der junge Mann überzeugte beim Vorstellungsgespräch mit seinem Können, seiner Ungezwungenheit und seinem strahlenden Lächeln. Er bekam die freie

Stelle, die nicht nur besser bezahlt wurde als seine vorherige, sondern ihm noch ermöglichte, seine Arbeitszeiten so einzuteilen, wie es ihm gefiel.

Und so konnte er schließlich jeden Morgen ausschlafen, was die Dankbarkeit gegenüber seinem Spiegelbild noch vergrößerte.

Auf der Suche nach dem Sinn

Schon als Kind brachte Almon seine Eltern durch die Tiefe und den Ernst seiner Fragen oft in Verlegenheit.

»Weshalb lügen die Menschen? Warum gibt es Bettler? Wieso gibt es Krankheiten?«

Fragen, die darauf hindeuteten, daß in dem jungen Körper bereits eine reife Seele wohnte.

Auch seine Lehrer wußten nicht, wie sie Almons ungewöhnlicher Wißbegier begegnen sollten. »So war es schon immer, und so wird es leider wohl auch immer sein«, war die Antwort, die er am häufigsten hörte. Doch sie genügte ihm ebensowenig wie alle anderen.

Enttäuscht von der Unfähigkeit seiner Eltern und Lehrer, ihm befriedigende Auskünfte auf die Fragen zu geben, die ihm auf der Seele lagen, begann er, in Büchern zu suchen, was er bei den Menschen nicht fand.

Und dort wurde er schließlich zum ersten Mal in seinem Leben fündig und begegnete Gedanken, die etwas tief in ihm berührten und Lichtstrahlen in das rätselhafte Dunkel des Lebens warfen.

Er schrieb all diese Gedanken in eine Kladde, in der Hoffnung, damit Mosaiksteine zu sammeln, die er vielleicht irgendwann zu einem Bild zusammenfügen könnte, das ihm die Lösung des Lebensrätsels offenbarte.

Als Almon ein junger Mann und Student der Philosophie geworden war, hatte er seine Kladde bis auf die letzte Seite mit strahlenden Erkenntnissen gefüllt, doch selbst ihr vereintes Licht genügte nicht, um die Finsternis zu erhellen, in der er sich gefangen fühlte.

Auch seine Hoffnung, an der Universität Weisheit zu finden, stellte sich bald als vergeblich heraus. Hier, in den Vorlesungssälen und Seminarräumen, ging es vor allem um die Vermittlung von Wissen, wie schon in der Schule, wenn auch auf höheren Ebenen.

Einer seiner Professoren, ein älterer Gelehrter namens Perigon, hatte etwas an sich, das ihn von den anderen Hochschullehrern unterschied. Er war meistens unrasiert und nachlässig gekleidet und schien sich selbst nicht allzu ernst zu nehmen. Er wirkte bescheiden, war freundlich und hatte immer ein offenes Ohr für alle, die mit ihren Sorgen und Nöten zu ihm kamen.

So entschloß sich Almon am Ende seines dritten Semesters, ihn um Hilfe zu bitten, denn er fühlte sich wie ein Reisender, der einen Abgrund erreicht hatte, über den keine Brücke führte.

»Vielleicht gibt es eine Brücke über diesen Abgrund, und du siehst sie nur noch nicht«, sagte Perigon, als er mit Almon durch den Park spazierte, der sich hinter den Universitätsgebäuden erstreckte. »Alles braucht seine Zeit. Die Augen der Seele öffnen sich, wenn du reif dafür bist.«

»Haben sich die Augen Ihrer Seele geöffnet?«

Der Professor schüttelte den Kopf. »Nein, ich sehe auch nicht mehr als die anderen. Ich tappe im dunkeln, wie alle hier, und wenn sie noch so gescheit daherreden und mit Fremdwörtern um sich werfen, und deshalb kann ich auch kein Licht in deine Seele bringen. Licht kann nur spenden, wer es in sich selbst gefunden hat. Ich habe lange danach gesucht, aber meine Mühen sind nicht belohnt worden. Wer dem Leben auf den Grund tauchen will, muß damit rechnen, daß ihm auf halbem Weg die Luft ausgeht.«

Almon konnte seine Enttäuschung nicht verbergen. »Mehr können Sie mir nicht sagen?«

»Bedauerlicherweise«, erwiderte Perigon. »Mehr weiß ich nicht, aber wenn du aus ganzem Herzen das wahre Gesicht des Lebens erkennen willst, solltest du deine Zeit nicht länger in Hörsälen und Bibliotheken verschwenden. Das Dasein selbst ist die Universität, die du besuchen solltest! Mach dich auf die Reise ins Ungewisse, sammle Erlebnisse, stelle dich den Unwägbarkeiten des Lebens! Gib alle Sicherheiten auf, lebe für den Augenblick! Wärst du dazu bereit?«

»Ja«, antwortete Almon ohne Zögern.

»Ich ziehe meinen Hut vor dir: Du bist ein wahrhaft Suchender. Du bist anders. Du suchst die Weisheit nicht mit dem Verstand, sondern mit Herz und Seele. Das ist der richtige, der einzig mögliche Weg zur höchsten Erkenntnis. Es ist kein leichter und kein kurzer Weg.«

»Ich werde ihn gehen.«

Perigon nickte, als hätte er keine andere Antwort erwartet. »Wir beide wissen, daß es nicht gerade die Aufgabe eines Professors ist, einem seiner begabtesten Studenten zu raten, sein Studium aufzugeben. Aber wir wissen auch, daß du hier am falschen Platz bist. Du mußt dich an der Universität des Lebens mit deinem Herzblut einschreiben! Nur dort kannst du ein wahrer Magister werden, ein Meister der Weisheit, der sein Wissen nicht aus verstaubten Schriften bezieht, sondern immer aufs neue aus seiner eigenen Seele.«

Almon spürte, daß Perigon recht hatte. Er war ihm dankbar für seine klaren Worte, auch wenn sie ihm nicht die Angst vor den Gefahren nehmen konnten, die auf dem Weg lauerten, der ihm vorherbestimmt war.

Als hätte Perigon seine Gedanken gelesen, sagte er: »Die Philosophische Fakultät ist ein Ort, an dem versucht wird, das Leben zu verstehen, ohne es zu erleben. Sie gleicht einem Menschen, der die Kunst des Reitens zu erlernen versucht, ohne sich jemals auf den Rücken eines Pferdes zu wagen. Das Gedankengut anderer endlos wiederkäuend, betrachtet und analysiert sie das Leben aus sicherer Entfernung, aber hat nicht den Mut, nicht die Leidenschaft, sich in die Tiefe seiner Ungewißheiten fallenzulassen. Dabei liegen gerade dort, in den Ungewißheiten, oft die Wurzeln für ein tieferes Verstehen. Das Leben ist kein gepflegter Garten, es ist ein wilder Dschungel voller Gefahren und Tücken, aber auch voller Möglichkeiten und glücklicher Fügungen. Darum sei wachsam auf deinem Weg, aber nicht ängstlich, denn die Angst ist eine der größten Feindinnen dessen, der echte Erkenntnis sucht. Und sei neugierig! Frage die Menschen, wofür sie leben! Du wirst die widersprüchlichsten Antworten bekommen, doch in jeder kann ein Wegweiser für dich verborgen sein.«

»Ich danke Ihnen, Perigon. Sie sprechen mir aus der Seele und ermutigen mich, meiner inneren Stimme zu folgen.«

Der Professor nickte bedächtig. »Du wirst auf deiner Reise ins Herz des Lebens vielen Menschen begegnen, und von jedem kannst du etwas lernen, denn im Grunde ist jeder auf der Suche nach dem Sinn, auch wenn die meisten es nicht wissen. Wenn du Glück hast, werden unter ihnen manche sein, die dein Gemüt erwärmen, dein Leben bereichern und dir helfen, deinen Weg mit neuer Kraft weiterzugehen. Aber dein Ziel mußt du ganz allein finden. Niemand kann dich zu ihm führen, außer deiner eigenen Seele. Aber du wirst Wegweiser entdecken, die dir die Richtung zeigen. Deshalb halte immer die Augen auf, nicht nur die in deinem Kopf. Auch das Herz hat Augen, und nur was sie erkennen, wird deine Sehnsucht stillen.«

»Ich sehne mich nach tiefer, befreiender Einsicht, aber vielleicht suche ich ja noch mehr?«

»Es ist gut, daß du nicht genau weißt, was du suchst, denn eine feste Vorstellung deines Ziels würde dich nur von deinem Weg abbringen. Du ersehnst etwas, das über deine Vorstellungskraft hinausgeht.«

»Ja«, gab Almon seinem Professor recht. »Ich suche etwas Wunderbares, das mich verwandeln wird. Aber ich weiß nicht im geringsten, was es ist. Vielleicht suche ich etwas, das es gar nicht gibt?«

Perigon schmunzelte. »Selbst wenn es so wäre: Du würdest es mit der Innigkeit deiner Sehnsucht ins Leben rufen! Ich wünsche dir Glück auf deinem Weg und wüßte es zu schätzen, wenn du mir irgendwann einmal einen Brief schicken würdest. Aber zwinge dich nicht dazu. Schreibe mir nur, wenn dir wirklich danach ist.«

Eine Woche nach diesem Gespräch packte Almon seinen Rucksack und begab sich auf die Reise ins Ungewisse.

Mit seinen Ersparnissen und dem Erlös aus dem Verkauf seiner Habseligkeiten würde er sich eine Weile über Wasser halten können. Mit seiner Sehnsucht nach Erkenntnis hatte er eine starke und zuverlässige Begleiterin, auf die er zählen konnte, wenn Ängste und Zweifel sich ihm in den Weg stellen würden. Und er hatte sich selbst, die Kraft seiner Jugend, sein Vertrauen ins Leben, das ihm helfen würde, die dunklen Stunden und schweren Zeiten zu überstehen, die mit Sicherheit auf ihn warteten.

Die ersten Tage und Wochen seiner Reise verliefen ohne außergewöhnliche Begebenheiten. Er wanderte von Ort zu Ort, übernachtete in den einfachsten Herbergen, oft auch im Freien, und lebte so bescheiden wie möglich.

In jedem Dorf und in jeder Stadt, durch die sein zielloser Weg ihn führte, stellte er den Menschen Fragen und erntete oft Befremden, denn die Leute waren es nicht gewohnt, von einem Reisenden nach dem Sinn ihres Lebens gefragt zu werden.

Viele reagierten nur mit einem Kopfschütteln oder Achselzucken und ließen Almon stehen, als würden sie ihn nicht ernst nehmen.

Aber manche gaben ihm auch Antworten.

»Der Sinn meines Lebens besteht darin, daß ich meine Felder bestelle, meine Familie ernähre, meine Tiere versorge und meine Arbeit so gut wie möglich mache«, erwiderte ein Bauer. »Ich versuche, meiner Frau ein guter Mann, meinen Kindern ein verständnisvoller Vater und meinen Freunden ein zuverlässiger Kamerad zu sein.«

»Mein Lebenssinn ist die Kunst«, war die Antwort einer Malerin. »Ich lebe für meine Bilder. Wenn ich male, vergesse ich alles um mich herum und gehe ganz und gar im Augenblick auf. Es ist wunderbar, sich selbst zu vergessen und die Hand den Pinsel so führen zu lassen, wie die Seele es will. Nimm mir die Malerei – und du nimmst mir den Sinn meines Daseins.«

»Ich sehe meine Berufung darin, den Menschen zu helfen«, sagte ein Arzt zu Almon. »Ein Mann rettete mich mit seinem ärztlichen Können vor dem Tod, als ich noch ein Junge war. Dieses Erlebnis hat mich geprägt und in mir den Wunsch geweckt, selbst ein Arzt zu werden. Ich habe dank meiner beruflichen Fähigkeiten schon mehreren Menschen das Leben gerettet, und in diesen Augenblicken war ich ganz eins mit dem Sinn meines Lebens. Wir alle brauchen Hilfe, wir müssen füreinander da sein, und ich bin glücklich, daß ich diese Einsicht zu meinem Lebensinhalt gemacht habe.«

Almon begegnete aber auch Menschen, die keinen Sinn in ihrem Leben sahen oder ihn verloren hatten.

»Ich hoffe nur noch auf einen schmerzfreien Tod, der mich von meinem ungelebten Leben befreien wird«, antwortete ein Greis auf Almons Frage. »Immer war ich nur für andere da, stets habe ich mich geopfert: für meine Frau, für meine Kinder, für meinen Beruf, für unser Haus. Meine Frau ist schon lange tot, und meine Kinder besuchen mich, wenn überhaupt, nur noch an meinem Geburtstag und hoffen darauf, daß sie bald mein Haus erben, um es zu verkaufen. Ich hätte mehr an mich selbst denken sollen! Ich habe mir nicht die Zeit genommen, mich selbst kennenzulernen. Und jetzt muß ich sterben, ohne zu wissen, wer ich eigentlich bin. Das ist bitter.«

Ein Landstreicher gab Almon die Auskunft: »Ich weiß nicht, ob mein Leben einen Sinn hat, und im Grunde interessiert es mich auch nicht. Ich mache mir keine großen Gedanken und lebe in den Tag hinein. Manchmal bettele ich, manchmal stehle ich, und wenn es nicht anders geht, arbeite ich. Am liebsten würde ich Tag für Tag in einem großen, weichen Bett auf der faulen Haut liegen. So ein Leben könnte mir gefallen. Aber davon kann ich nur träumen.«

Und eine Witwe, die ihren Mann in einem Krieg verloren hatte, gestand Almon: »Das Schicksal hat mir die Liebe meines Lebens genommen. Seitdem frage ich mich fast täglich, warum ich noch lebe. Ich empfinde keine Freude, keine Hoffnung mehr – nur eine quälende

Wehmut, die nicht enden will. Das Einzige, was mich noch am Leben hält, sind meine Träume, in denen mir mein Mann erscheint und zu mir spricht und zärtlich zu mir ist.«

Almon bekam mit der Zeit mehr und mehr Antworten auf seine Fragen und bewahrte sie in seinem Gedächtnis auf, wie er als Student Zitate aus Büchern gesammelt hatte, doch der Lösung seines eigenen Lebensrätsels kam er dadurch nicht näher.

Er lernte die Not und das Elend der Armen sowie die Gier und Herzlosigkeit der Reichen kennen. Die Ungerechtigkeit begegnete ihm auf Schritt und Tritt und empörte ihn immer aufs neue. Geld und Gewalt regierten die Welt, und wohin ihn auch seine Füße trugen, mangelte es an Güte und Mitgefühl.

Zahllose Menschen mußten ihre Freiheit und ihre ganze Kraft verkaufen, um gerade ihre allernötigsten Bedürfnisse zu stillen. Er sah allerorten Verzweiflung und Not, und er bewunderte die Geduld und Gelassenheit, mit der viele Menschen sie ertrugen.

Almon erkannte, daß der nackte Egoismus das Denken und Handeln der allermeisten Menschen bestimmte und sie sich nicht scheuten, die anderen zu betrügen und belügen, wenn es darum ging, sich auf ihre Kosten zu bereichern. Und er erlebte, daß Nächstenliebe zwar in aller Munde, doch in den wenigsten Herzen war.

Perigon hatte recht gehabt: Die Universität des Lebens war kein gepflegter Garten, sondern eine wilde

Landschaft. Nicht selten gingen die Menschen unfreundlich miteinander um und kämpften manchmal mit Mitteln gegeneinander, die seine Seele in Traurigkeit versetzten.

Aber er begegnete auch guten Männern und Frauen, die ein Herz für den anderen hatten. Menschen, für die Hilfsbereitschaft und Mitgefühl keine Fremdwörter waren, weil sie sich selbst im anderen erkannten. Diese Ausnahmen von der Regel, daß jeder sich selbst der Nächste war, gaben ihm immer wieder Mut und Kraft, seine Suche fortzusetzen und sich seinen Lektionen zu stellen, um schließlich ein Magister an der Hochschule des Lebens zu werden, wie Professor Perigon es ihm ans Herz gelegt hatte.

Almon erlebte sonnige und finstere Tage, Stunden heller Freude und düsterer Bedrückung. Er erkannte und akzeptierte die allgegenwärtige Unbeständigkeit und Ungewißheit des Lebens, erfuhr sie immer aufs neue am eigenen Leib und sah sie in den Schicksalen der Menschen, die seinen Weg kreuzten.

Mehr und mehr wurde ihm bewußt, daß die allermeisten Menschen mit dem Verstand und nicht mit dem Herzen dachten. Und daß der Verstand ihnen immer riet, zuallererst an sich selbst zu denken, so daß er nach und nach zu der Überzeugung gelangte, daß der Großteil des Übels in der Welt seine Wurzeln im Egoismus der Menschen hatte. Er spürte immer deutlicher, daß der Sinn seiner Suche oder seine Suche nach dem Sinn darin münden würde, etwas zu unternehmen gegen all die Not und Ungerechtigkeit, die ihm begegnet waren.

Er sah, wie Männer, Frauen und Kinder wegen Nichtigkeiten stritten, aus Mangel an Einsicht und Großmut gegeneinander kämpften und sich damit das Leben noch schwerer machten, als es ohnehin schon für sie war.

Almon lernte auch die Freuden und Leiden der Liebe kennen, er gewann Freunde und verlor sie wieder. Am Ende blieben ihm nur Erinnerungen, die sich mit der Zeit verflüchtigten wie nächtliche Träume.

Vielleicht ging er im Kreis? Vielleicht suchte er die Weisheit auf die falsche Weise? Wenn solche Fragen ihn bedrückten und Zweifel ihn zu lähmen drohten, erinnerte er sich an Perigons Worte, daß seine Suche nach dem Sinn kein leichter und kein kurzer Weg sei, und schöpfte aus ihnen neue Kraft und Hoffnung.

Über vier Jahre waren nach Almons Aufbruch verstrichen, als ein Bote an Perigons Tür klopfte und ihm einen Brief seines ehemaligen Studenten überbrachte. Erleichtert öffnete der Professor den Umschlag, denn er hatte bislang noch kein Lebenszeichen von Almon erhalten und mehr als einmal befürchtet, daß ihm etwas zugestoßen sei: eine Befürchtung, die ihn dazu gebracht hatte, sich Vorwürfe zu machen, Almon zu seinem gefährlichen Gang ins Ungewisse ermutigt zu haben.

Um so größer war seine Freude, als er die ersten Zeilen des Briefes las:

»Lieber Professor Perigon!

Bitte verzeihen Sie mir, daß ich Ihnen erst jetzt schreibe, und lassen Sie mich Ihnen von ganzem Herzen für Ihre Ermutigung und Hilfe danken! Sie haben mir damals mit unserem Gespräch im Park den richtigen Weg gewiesen, auch wenn ich Jahre brauchte, um sein Ziel zu erreichen. Es war eine lange und schwierige Suche, aber ich habe selbst in den düstersten Stunden nie die Hoffnung aufgegeben, meine Bestimmung zu finden. Ich will Ihnen berichten, wie ich sie fand.

Vor etwa einem Jahr wanderte ich durch einen Wald und wurde von drei Wegelagerern überrascht. Es waren wilde, finstere Burschen, deren Blicke mich nicht nur um meinen bescheidenen Besitz, sondern um mein Leben fürchten ließen.

Als ihr Anführer sein Messer zog, geschah ein Wunder. Zumindest empfand ich es so. Wie aus dem Nichts erschien eine Gruppe von fünf Mönchen unterschiedlichen Alters und stellte sich entschlossen wie eine Mauer zwischen die Wegelagerer und mich. Soweit ich sehen konnte, trugen sie keine Waffen, doch ihr furchtloses Auftreten beeindruckte die Räuber so sehr, daß sie nach kurzem Zögern kampflos das Weite suchten.

Auch mich beeindruckten die Mönche, um so mehr, als sie meinen Dank nicht annehmen wollten, da es für sie selbstverständlich gewesen war, mir zu helfen. Also bat ich sie, ein Stück weit mit ihnen gehen zu dürfen, um mehr über sie zu erfahren, was sie mir auch erlaubten.

Es waren allesamt keine redseligen Männer, doch

nach und nach fand ich heraus, daß sie Mönche ganz besonderer Art waren. Jahr für Jahr, vom Frühlingsbeginn bis zum Herbstende, zogen sie durch das Land und sammelten Geld für die Ärmsten der Armen, um es zum Winteranfang unter ihnen zu verteilen.

Sie selbst lebten äußerst bescheiden, gönnten sich nur das Allernötigste und scheuten keine Mühen, um das Leid der Hungernden und Kranken zu lindern. Die Winter verbrachten sie in ihrem Kloster, um neue Kraft für ihre jeweils nächste Reise zu sammeln.

Je länger ich mit ihnen von Ort zu Ort zog, desto mehr bewunderte ich sie. Nie hörte ich sie klagen, nie sah ich sie miteinander streiten. Allen Widrigkeiten begegneten sie mit Humor und Gelassenheit, und wenn ein Reicher ihnen eine größere Summe für die Armen spendete, freuten sie sich wie Kinder.

Mehr und mehr wurde mir bewußt, daß sie die glücklichsten Menschen waren, denen ich auf meinem langen Weg begegnet war. Ich erkannte, daß die Quelle ihres Glücks im Helfen und Dienen lag, im Aufgeben des Eigennutzes, im beharrlichen Eintreten für die Schwächsten der Schwachen. Ich teilte mit ihnen Brot und Wasser, Freud und Leid, und hatte nur eine Angst: daß sie mich eines Tages fortschicken würden, denn ich war nicht einer von ihnen.

Eines Nachts, während sie schliefen und ich Wache hielt, gewann ich schlagartig die Einsicht, daß ich meine Bestimmung gefunden hatte. Am nächsten Morgen nahm ich meinen ganzen Mut zusammen und bat die

Mönche, mich in ihren Orden aufzunehmen. Sie tauschten Blicke, die schwer zu deuten waren, und antworteten mir nicht. Ich wiederholte meine Bitte am nächsten und auch am übernächsten Morgen. Sie blieben mir wiederum eine Antwort schuldig, schickten mich aber auch nicht fort. Vielleicht, sagte ich mir, prüften sie mich und hatten ihre Prüfung noch nicht abgeschlossen. Ich fragte daher nicht mehr nach.

Als der Winter vor der Tür stand und die Mönche das mühsam gesammelte Geld gerecht unter den Armen verteilt hatten, bereiteten sie sich auf den Rückweg zu ihrem Kloster vor. Vier Monate lang war ich mit ihnen durch das Land gezogen. Nun war der Tag gekommen, dem ich mit ebensoviel Hoffnung wie Angst entgegengefiebert hatte.

›Bitte nehmt mich in euren Orden auf! Laßt mich mit eurem Abt sprechen. Ich möchte einer von euch werden‹, bat ich sie erneut.

Und diesmal bekam ich endlich eine Antwort von Lotamo, dem ältesten der Mönche, dessen Bescheidenheit und Weisheit mich immer aufs neue berührt und beeindruckt hatten. ›Warum stellst du uns immer wieder dieselbe Frage? Weißt du denn nicht, daß du vom ersten Tag an schon einer von uns warst? Wir haben dich längst in unseren Orden aufgenommen, auch wenn du noch nicht das Mönchsgewand trägst.‹

›Könnt ihr mich denn so einfach in euren Orden aufnehmen? Muß nicht euer Abt darüber entscheiden?‹

Die Mönche lachten schallend.

›Ich bin der Abt‹, sagte Lotamo.

Dies war der glücklichste Moment meines Lebens, und seitdem bin ich wie verwandelt! Ich stehe in vollkommenem Einklang mit mir. Die Augen meiner Seele haben sich geöffnet!

Ihr Almon – der die höchste Weisheit und den Sinn seines Lebens im Dienen fand.«

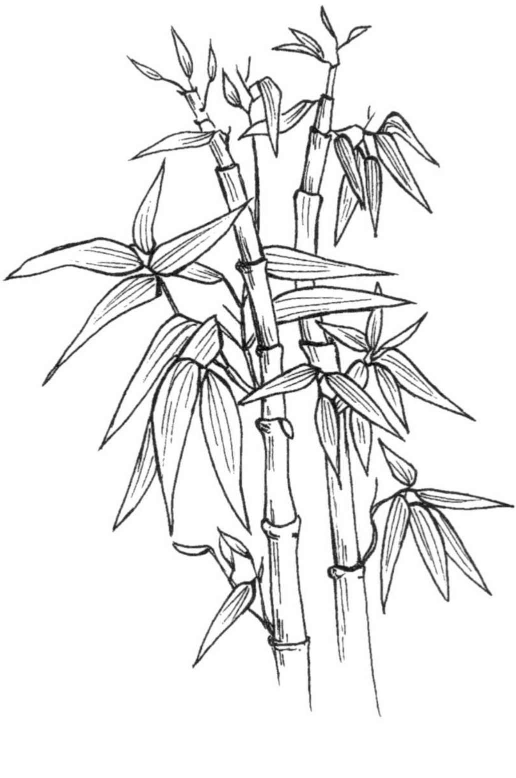

Der weiße Kieselstein

Ein weißer Kieselstein lag unter Tausenden von anderen Kieselsteinen am Strand. Sie glänzten in allen Farben und Formen und Größen. Lange Zeit war der Stein sich seiner selbst nicht bewußt gewesen, hatte am Tag die Wärme der Sonne in sich aufgenommen und sie an die Kälte der Nacht abgegeben.

Doch eines Tages erwachte sein Selbstbewußtsein. Und er erkannte, daß er ein annähernd runder und gänzlich weißer Kieselstein war – einer unter unzähligen. Es machte ihn sofort traurig, nur ein kleiner Teil einer riesigen Masse zu sein. Wohin der Kieselstein auch blickte, sah er nichts als Kieselsteine.

Wie sehr beneidete er die Palme in seiner Nähe, deren langer Schatten an jedem Sonnentag eine Weile auf ihm ruhte. Sie stand allein und schön am Strand. Sie war einmalig, etwas ganz Besonderes. Und auch das Meer in seiner mächtigen Endlosigkeit, dem sprühenden Spiel seiner Brandung – war es nicht bewundernswert? In ständiger Bewegung, Ebbe und Flut erzeugend, und dennoch geheimnisvoll in sich ruhend.

Was war er schon dagegen? Ein unbeweglicher, kleiner weißer Kieselstein, irgendwann an den Strand gespült und dort liegengelassen, der Hitze der Sonne, der Kälte der Nacht preisgegeben, Regen und Sturm ausgeliefert, nur einer unter unzähligen anderen. Er war nicht einmal unter seinesgleichen etwas Besonderes.

Da gab es große, schwere Steine, die so leicht kein Sturm bewegen konnte. Andere besaßen wunderschöne Farben und Muster.

Seine Traurigkeit über sich selbst wurde noch größer. Wie gern hätte er mit dem Meer getauscht, mit der Palme, mit den Vögeln in der Luft, mit den Sternen am Himmel. Was half ihm sein Selbstbewußtsein, wenn es ihm nur zeigte, wie klein und unbedeutend er war? Wenn er wenigstens ein paar schöne Farben hätte – oder zumindest eine feine Maserung, wie so manche Steine in seiner Nähe!

Eines Abends geschah etwas Überraschendes. Am Himmel strahlte der Vollmond und tauchte den Strand in ein stilles, geheimnisvolles Licht. Plötzlich hörte der weiße Kieselstein die leisen Stimmen zweier anderer Steine, deren Gespräch der Wind zu ihm trug. Als er merkte, daß sie über ihn sprachen, lauschte er aufmerksam, damit ihm kein Wort entging.

»Schau mal, der weiße Stein dort! Sieht er nicht wunderschön aus im Vollmondlicht? Er ist mir noch nie aufgefallen.«

»Er hat wohl eine Schönheit, die sich nur in einem bestimmten Licht offenbart. Gegen sein leuchtendes Weiß wirken alle anderen Steine unscheinbar. Ob er weiß, wie wunderbar er anzuschauen ist?«

Am liebsten hätte der weiße Kieselstein vor Freude einen Sprung ins Meer gemacht.

»Er liegt da wie eine große weiße Perle, so eben und so rund. Ich wollte, ich wäre so schön wie er!«

Nun drehte sich der Wind und trug die leisen Stimmen der beiden Steine in eine andere Richtung. Doch der weiße Kieselstein hatte genug gehört. Er dachte eine Weile nach und begriff plötzlich, daß es anderen Steinen genauso ging wie ihm: Auch sie sehnten sich danach, anders zu sein, als sie waren. Und gerade die beiden Steine, die so gut über ihn sprachen, hatte er wegen ihrer Größe schon oft beneidet!

Vielleicht ging es sogar der Palme so! Womöglich wollte sie lieber das Meer sein oder ein Stern am Himmel. Und das Meer wollte am Ende lieber das Land sein. Was mochte es nur sein, was einen so unzufrieden mit sich selbst machte, überlegte der weiße Kieselstein.

Durch einen Zufall hatte er erfahren, daß er in einem bestimmten Licht schön und wunderbar anzuschauen war. Das hätte er nie für möglich gehalten. Und so gelang es ihm zum ersten Mal in seinem Dasein, mit sich selbst zufrieden zu sein.

Mit der Zeit fühlte er sich immer wohler. Sicher, er war noch immer ein Stein unter unzähligen anderen, aber das störte ihn nicht mehr. Auch mit seiner Unbeweglichkeit hatte er sich abgefunden. Er lag an einem bestimmten Ort, und dort würde er immer liegenbleiben, allein von den Wellen bewegt. Da ging es ihm wie der Palme, wie dem Himmel und dem Meer. Auch sie konnten den Ort ihres Daseins nicht verlassen. Sie waren keine Vögel. So mußte es wohl sein. Er hatte verstanden. Seine Sehnsucht danach, mehr von der

Welt zu sehen als diesen Strand, mehr zu sein als ein Stein unter unzähligen anderen, war endgültig überwunden.

In der nächsten Vollmondnacht ging ein Liebespaar den Strand entlang. Die junge Frau entdeckte den Kieselstein und sagte zu ihrem Liebsten: »Schau, wie schön er im Mondlicht leuchtet! Wie eine große Perle!«

Die Frau bückte sich, nahm den weißen Kieselstein in die Hand und betrachtete ihn mit freudigen, glänzenden Augen. Dann steckte sie ihn in ihre Tasche.

Sie nahm den Stein mit zu sich nach Hause, wo sie ihm einen Ehrenplatz in ihrem Zimmer und in ihrem Herzen gab.

Was viele vergessen

Ein Philosophiestudent fragte seinen Professor: »Worin liegt der Sinn des menschlichen Lebens?«

»Worin liegt der Sinn des Lebens einer Blume?« fragte sein Professor zurück.

»Nun, sie keimt, sie wächst, sie blüht – und verwelkt.«

»Darin besteht auch der Sinn unseres Lebens«, sagte der Philosoph. »Im Keimen, im Wachsen, im Blühen und Verwelken. Doch viele Menschen vergessen das Blühen.«

Die Vogelscheuche und die Eule

Eine Vogelscheuche stand allein auf einem Feld und dachte über ihr Leben nach. Das Nachdenken machte sie noch trauriger, als sie ohnehin schon war. Der ganze Sinn ihres Daseins beruhte auf einer vom Bauern inszenierten Täuschung! Sie sollte aussehen wie ein Mensch, um die Vögel davon abzuschrecken, von seinem Feld zu fressen und seine Ernte zu verringern. Deshalb hatte er ihr seine abgetragenen Kleidungsstücke angezogen und ihr seinen alten speckigen Hut auf den Kopf gesetzt.

Doch die Vogelscheuche spürte, daß es mehr gab. Sie sehnte sich nach einem Leben, in dem sie glücklich sein konnte – wenigstens ab und zu. Aber wie konnte sie jemals glücklich sein, wenn sie nur die Vögel täuschte? Denn sie liebte und bewunderte diese Tiere, die immer so glücklich und heiter wirkten, wenn sie über sie hinwegflogen. Sie konnten ihr bestimmt etwas über das Glück erzählen, das ihr vielleicht helfen würde, es auch in ihr tristes Dasein zu bringen. Aber die Vögel hielten Abstand von ihr.

Eines Abends kam der Sturm, der alles veränderte. Er fegte der Vogelscheuche den Hut vom Kopf und riß ihr die Jacke und das Hemd vom Leib. Als das Unwetter sich am nächsten Morgen legte, sah sie nicht mehr wie ein Mensch aus, sondern wie ein plumpes, mit Strohbündeln umschnürtes Holzgestell mit Hose. Plötzlich flog eine Eule auf sie zu und setzte sich auf ihren mit Sackleinen überzogenen, gesichtslosen Strohkopf.

Jetzt nur nichts Falsches sagen, dachte die Vogelscheuche, denn sie war glücklich über den unverhofften Besuch und wollte ihn nicht sofort wieder verlieren. »Ich freue mich so über dein Kommen!« gestand sie der Eule.

»Warum freust du dich?«

»Weil ich dich bewundere. Du kannst so wunderschön fliegen und gleiten! Das sieht einfach zauberhaft aus. Wenn du dich selbst dabei beobachten könntest, würdest du mich verstehen!«

»Danke für das Kompliment! Du bist richtig nett! Und ich hatte immer Angst vor dir, weil ich dich für einen Menschen hielt.«

»Vor mir braucht kein Vogel Angst zu haben. Ich liebe sie alle. Ich bin nur eine armselige Menschenattrappe, zu lebenslänglicher Bewegungslosigkeit, Einsamkeit und Täuschung verurteilt. Mein Dasein macht mich traurig. Wenn ich doch fliegen könnte wie du! Wenn ich doch glücklich sein könnte – wenigstens ab und zu!«

»Das kannst du doch!« sagte die Eule mit einem ermutigenden Blick.

»Und wie?«

»Durch die Veränderung der Perspektive.«

»Kannst du das vielleicht konkreter ausdrücken?« bat die Vogelscheuche.

»Sei froh, daß du bewegungslos bist, denn so hast du viel Ruhe, und in der Ruhe liegt viel Kraft und Tiefe! Betrachte deine Einsamkeit als eine Möglichkeit, dich selbst zu ergründen! Sei nicht bekümmert über dein irreführendes Aussehen! Das Äußere ist in gewisser Weise immer eine Täuschung. Finde heraus, was *in* dir steckt, denn darauf kommt es an! So findest du auch das Glück.«

»Von diesen Seiten habe ich die Dinge noch nie betrachtet!« sagte die Vogelscheuche überrascht und berührt.

»Man sollte die Dinge von allen Seiten betrachten und sich dann auf die besten Seiten konzentrieren«, riet die Eule. »So verlieren die schlechten an Bedeutung. Denn alles, was wachsen will, braucht Aufmerksamkeit. Je weniger Beachtung du einer Seite schenkst, desto weniger Einfluß hat sie auf dich. Vergiß das Äußerliche und gehe in dich hinein. Auf diesem Weg findest du Glück.«

»Liebe Eule, wie kann ich dir für deine wertvollen Ratschläge danken?«

»Indem du nie wieder traurig über dein Leben bist«, sagte die Eule.

Der unsichtbare Berg

In einem fernen Land machte in einer lange vergangenen Zeit ein junger Mann mit dem Namen Ayron überall von sich reden. Seine verblüffende Weisheit, seine vertrauenerweckende Ausstrahlung und seine Fähigkeit, den Vorhang des Scheinbaren zurückzuziehen und die Wirklichkeit dahinter sichtbar werden zu lassen, faszinierten die Menschen über alle Maßen. Er zog von Ort zu Ort, und immer mehr Männer und Frauen ließen alles liegen und stehen und folgten ihm.

Er sprach zu ihnen von der Notwendigkeit, das wahre Leben zu entdecken, das auf jeden Menschen in der Tiefe seiner eigenen Seele wartete. Über die befreiende Kraft der Liebe, von der erhebenden Erfahrung der unmittelbaren Gegenwart und von der Besteigung des unsichtbaren Berges. Seinen Gipfel zu erreichen hieß, zur höchsten Ebene des Bewußtseins zu gelangen, von der aus jeder Blick ins Herz des Lebens traf, jede Tat die richtige und jedes Wort das nötige war. Ein Ort, an dem erst der eigentliche Sinn des Seins erkennbar wurde.

»Ihr seid geboren, um wie Vögel zu fliegen«, erklärte Ayron seinen Zuhörern, »doch ihr hüpft herum wie Frösche. Ihr solltet arbeiten, um zu leben, doch ihr lebt, um zu arbeiten. Ihr solltet nachts schlafen und am Tag wachen, doch ihr schlaft in der Nacht und am Tag. Ich möchte euch wecken, denn ich kann nicht mit ansehen, wie ihr eure wertvolle Lebenszeit vergeudet.«

Mehr und mehr Menschen schlossen sich Ayron an, gebannt von seinem unvergleichlichen Auftreten und seinen eindringlichen Worten, und suchten seine Nähe, seine Hilfe, seinen Rat. Er nahm sich Zeit für jeden Suchenden, der zu ihm kam, und niemand ging von ihm ohne eine nie zuvor gefühlte tiefe Sehnsucht, die er in ihnen allen auf rätselhafte Weise erweckte.

Keiner konnte sich erklären, wie ein so junger Mann ein derart hohes Maß an Weisheit und Weitsicht erlangt haben konnte. Was immer er auch verkündete, war klar und wesentlich; was immer er auch tat, hatte Anmut und Sinn. Er war zudem ein so guter Zuhörer, daß die Menschen ihm Worte sagten, die sie niemand anderem hätten anvertrauen können. Dabei strahlte er immer Kraft und Heiterkeit aus, nie sah man ihn betrübt, mißmutig oder verstimmt. Er war ein Licht in der Dunkelheit der Welt, um das sich immer mehr Menschen scharten.

Sie alle spürten, daß Ayron etwas Wunderbares erlebt hatte, das seine Augen ins Herz der Dinge sehen ließ. Sein offenes Ohr für alle Menschen, sein Verständnis für ihre Sorgen und Nöte, seine die Seele berührenden Antworten auf ihre Fragen machten ihn zu einem Mann, dessen bloße Gegenwart inspirierend und wohltuend wirkte.

Er forderte die Menschen zur Güte, zum Mitgefühl und zur Ehrlichkeit auf. »Wir alle sind Mitglieder einer großen Familie«, sagte er, »und sollen füreinander da sein, anstatt gegeneinander zu arbeiten. Laßt Neid und Mißgunst nie in eure Herzen ein, denn sie vergiften euch und machen euer Leben zur Qual. Gönnt den anderen nicht nur ihre Vorzüge, sondern freut euch mit ihnen, denn hinter dem Vorhang unserer Verschiedenheit sind wir eins, und die Schönheit deiner Schwester ist auch deine Schönheit, wie die Klugheit deines Bruders auch deine Klugheit ist. Wir alle sind kleine Mosaiksteine der Schöpfung, und wenn wir in Harmonie und Weisheit zusammenleben, werden wir einen inneren Reichtum und einen verborgenen höheren Sinn entdecken, der uns sprachlos vor Glück machen wird. Und die Welt wird strahlen im Glanz unserer Einsicht.«

»Du sprichst wie ein Dichter«, rief ein Mann aus der Menge. »Deine Worte berühren mein Herz. Aber die Welt ist voller Kampf, Krieg und Haß, im großen wie im kleinen. Sie war schon immer so, und nun kommst du und sagst, daß wir einen Ort des Friedens und der Harmonie aus ihr machen sollen. Ich fürchte, so einfach ist das nicht.«

»Ich behaupte nicht, daß es einfach ist, aber es ist möglich. Wir haben es nur noch nicht wirklich versucht. Viele leben zu oberflächlich, richten ihr Begehren auf fragwürdige Ziele und falsche Werte. Wenn wir uns auf das Wesentliche konzentrieren und in die Tiefen unserer Seele eintauchen, werden wir erkennen, daß es an der Zeit ist, unsere sinnlosen Kämpfe einzustellen. Denn wir sind geboren, um einander zu achten und zu lieben. Und die Einsicht, daß wir alle Kinder

der Schöpfung sind, wie alle Wellen Kinder des Meeres sind, ist die Kraft, die den Haß besiegt, die Krieg und Kampf beendet. Viel zu lange haben wir Geld und Besitz über Liebe und Mitgefühl gestellt. Doch wir haben die Aufgabe, aus den Fehlern unserer Vorfahren zu lernen. Laßt uns heute damit beginnen, unser Leben neu zu gestalten und den Weg ans Licht zu gehen! Wir haben schon zuviel Zeit im Dunkel des Irrtums vergeudet!«

Bald wurde Ayrons Gefolgschaft so groß, daß sie den Argwohn des Landesherrschers Rabaan erregte. Rabaans General berichtete dem Herrscher, ein junger Mann namens Ayron habe Hunderte von Menschen um sich geschart und ziehe mit ihnen durchs Land. Täglich wachse die Zahl seiner Anhänger. Er spreche zu ihnen vom höchsten Sinn des Lebens, von der Wahrheit hinter dem Anschein und immer wieder von einem angeblich unsichtbaren Berg, den es zu besteigen gelte.

Rabaan überlegte eine Weile und fragte seinen General: »Wo ist dieser Ayron jetzt?«

»Augenblicklich rastet er am Ufer des Grünen Sees. Um ihn herum haben sich Hunderte von Menschen versammelt. Zwei meiner Kundschafter haben sich unauffällig unter sie gemischt und beobachten sie. Sie verhalten sich allesamt freundlich und friedlich. Manche wirken regelrecht glücklich.«

Der Herrscher lachte spöttisch. »Kinder! Die Menschen sind wie Kinder. Sie wollen, daß man ihnen Märchen erzählt, dann sind sie glücklich.«

Sein Gesicht wurde schnell wieder ernst. »Aber vielleicht ist dieser Märchenerzähler ein Aufrührer? Heute hat er hundert Anhänger, morgen sind es schon tausend, und übermorgen verfügt er über eine Armee, die meinen Palast belagern könnte. Vielleicht hortet er Waffen in einem Versteck? Ich werde diesem Ayron einen Besuch abstatten und seine Gesinnung prüfen. Ist sie von harmloser Art, lasse ich ihn gewähren. Soll er von seinem unsichtbaren Berg schwärmen und die Menschen mit seinem Geschwätz betören! Das Volk liebt Narren seiner Art, sie geben ihm Träume, und diese Träume halten es davon ab, sich gegen mich aufzulehnen. Morgen bei Sonnenaufgang brechen wir auf. Fünfhundert Soldaten werden uns begleiten!«

Der General verneigte sich, ging und traf die erforderlichen Vorbereitungen für Rabaans Reise.

Am Nachmittag des nächsten Tages erreichte der Herrscher mit seinen berittenen Soldaten den Grünen See, an dessen Ufer zahllose Menschen lagerten. Rabaan nickte seinem General zu, worauf dieser den Befehl zum Anhalten gab.

»Es sind mehr als tausend«, schätzte der Herrscher beeindruckt. »Gehe zu diesem Ayron«, befahl er seinem General, »und sage ihm, daß ich bei dem höchsten Baum am Seeufer auf ihn warte. Niemand soll sich in unserer Nähe aufhalten. Wenn ich davon überzeugt bin, daß Ayron tatsächlich ein Aufrührer ist, werde ich nicht zögern, ihn mit eigener Hand zu töten. Stelle die

Soldaten so auf, daß sie mich gegen den möglichen Zorn seiner Anhänger abschirmen!«

Nach diesen Worten stieg Rabaan von seinem Pferd und ging entschlossen zu dem von ihm gewählten Treffpunkt.

Der General gab seine Befehle. Dann bahnte er sich einen Weg durch die Menschenmenge, bis er vor Ayron stand. »Meinen Glückwunsch!« sprach er ihn an. »Du hast das Interesse des Landesherrschers geweckt. Rabaan will mit dir reden. Er erwartet dich am Ufer, dort bei dem höchsten Baum.«

»Ich werde kommen«, antwortete Ayron und sah dem General in die Augen.

Plötzlich kam sich der General inmitten der bunt gekleideten, unbeschwerten Menschen in seiner grauen Uniform lächerlich vor. Er drehte sich verwirrt um und ging mit schnellen Schritten zu seinen Soldaten, die sich kampfbereit in einem großen Halbkreis um den Baum am Seeufer postiert hatten. Die Angst, die er vor den friedlichen, unbewaffneten Menschen und ihrem Anführer gehabt hatte, erschien ihm auf einmal völlig grundlos. Der General schüttelte heftig den Kopf, als wollte er damit sein Unbehagen vertreiben.

Rabaan kam ohne Umschweife zur Sache, wie es seine Art war. »Ich habe viel von dir gehört, Ayron, und ich weiß nicht recht, was ich von dir halten soll. Also frage ich dich frei heraus: Was für ein Mensch bist du?«

Ayron lächelte. »Nicht so einer wie du.«

»Und was für ein Mensch bin ich?«

»Einer, der nicht weiß, wer er ist. Wer das weiß, fragt andere nicht danach.«

Rabaans Blick verriet Unmut, doch seine Stimme blieb ruhig: »Verschone mich mit Spitzfindigkeiten, und gib mir eine klare Antwort auf meine Frage!«

»Ich habe dir eine klare Antwort gegeben. Ich bin nicht wie du, Rabaan. Dich interessiert die Macht des Menschen über andere Menschen. Mich interessiert die Macht des Menschen über sich selbst. Du weißt nicht, wer du bist, weil du deinen Blick immer nur nach außen richtest, nie nach innen. Aber auch innen ist eine Welt, eine ganz andere Welt als jene, die du regierst.«

Der Herrscher fühlte sich seltsam berührt von Ayrons Worten, ließ sich aber keine Gefühlsregung anmerken. Er blickte dem jungen Mann scharf in die Augen und fragte: »Was hast du vor? Ich denke, du kennst die Gesetze, vor allem dieses: Wer Menschen aufwiegelt und zum Aufruhr anstachelt, wird wegen Landesverrats mit dem Tod bestraft.«

»Ich kenne die Gesetze, aber deine Angst ist unbegründet. Ich habe kein Interesse an weltlicher Macht. Ich will nur den Menschen helfen, ein wirkliches Leben zu führen. Ich will sie ermutigen, den unsichtbaren Berg ihres eigenen Bewußtseins zu besteigen, weil sie nur von seinem Gipfel die ganze Wahrheit des Lebens erkennen. Sie leben im dichten Nebel der Täuschung und Selbsttäuschung und sehen kaum die Hand vor

Augen. Auf dem Gipfel des unsichtbaren Berges gibt es keinen Nebel mehr. Dort ist die Sicht klar.«

Gegen seinen Willen war der Herrscher von Ayrons Blick beeindruckt. Nie zuvor hatte er in so tiefe und freie Augen gesehen. »Dein geheimnisvoller Berg, falls es ihn überhaupt gibt: Wo steht er?«

»Er steht für jeden Menschen an einem anderen Ort, und alle müssen ihren eigenen Weg finden. Der Berg zeigt sich auch immer wieder anders, obwohl es im Grunde ein und derselbe ist. Aber das erkennt man erst auf seinem Gipfel.«

Rabaan fragte sich, ob er einen Weisen oder einen Narren vor sich hatte. Er neigte eher dazu, in Ayron einen Narren zu sehen, dessen Harmlosigkeit allerdings noch nicht erwiesen war. So ging er auf Ayrons rätselhafte Worte ein. »Gut, aber wenn ich nicht weiß, wo der unsichtbare Berg steht, kann ich ihn unmöglich finden.«

»Du bist ihm bereits sehr nahe«, sagte Ayron leise. »Der Weg zu mir hat dich auch zu ihm geführt.«

Rabaan verbarg seine Überraschung und fragte nach kurzem Zögern: »Was siehst du vom Gipfel dieses Berges aus, wenn du mich betrachtest?«

»Daß du erwägst, mich zu töten.«

Rabaan erschrak. Konnte Ayron Gedanken lesen? Er blickte dem jungen Mann erneut in die Augen. Waren dies die Augen eines Sehers, der in die Zukunft blickte und seinen eigenen Tod voraussah?

»Warum sollte ich dich töten, Ayron, wenn du, wie du sagst, meine Macht nicht bedrohst?«

»Damit du den unsichtbaren Berg nicht besteigen mußt. Denn ich werde dich dazu bringen, weil dies meine Berufung ist. Du spürst bereits seine Nähe und bekommst Angst vor der Wahrheit auf dem Gipfel: Angst vor der Erkenntnis, daß deine Macht über die Menschen dieses Landes nur ein schaler Ersatz für etwas ist, was dir fehlt: Macht über dich selbst.«

Rabaan wich erschrocken vor der Wahrheit in Ayrons Worten innerlich zurück – und berührte dabei den unsichtbaren Berg.

Eine fast unwiderstehliche Sehnsucht, ihn augenblicklich zu besteigen, durchströmte seine Seele, doch dann gewannen sein Verstand und seine Angst wieder die Oberhand. Er stieß die Sehnsucht mit aller Kraft von sich und schrie Ayron an: »Wie redest du mit mir? Dein Leben liegt in meiner Hand! Du sprichst zu den Menschen von innerer Befreiung. Vielleicht meinst du damit auch die Befreiung von der Obrigkeit? Vielleicht träumst du vom Ende der Herrschaft des Menschen über den Menschen?«

Ayron schwieg.

»Antworte mir sofort!« befahl der Herrscher. »Und antworte gut!«

»Was immer ich auch sage: Du wirst es anzweifeln. Worte können täuschen. Du aber willst Sicherheit. Sicherheit verspricht nur mein Tod, nicht wahr? Sieh, ich kann mich nicht wehren, ich trage keine Waffe. Ich bin ein Mann des Friedens. Wenn du mich tötest, werden meine Freunde sich nicht gegen dich erheben, um meinen Tod zu rächen. Sie sind sehnsüchtig, nicht rachsüchtig. Sie werden um mich trauern und mich in ihren Herzen weiterleben lassen. Sie werden dich verachten, aber das wird dich nicht um den Schlaf bringen.«

Rabaan schüttelte ratlos den Kopf: »Was bist du: ein Heiliger oder ein Narr? Vielleicht sollte ich dich töten, denn du könntest mir gefährlich werden, wenn immer mehr Menschen dir folgen. Heute bist du noch ein Mann des Friedens, doch morgen vielleicht schon verdirbt dich die Macht über deine Anhänger, und du wirst zu einem Mann des Krieges, des Krieges gegen mich.«

»Ich werde immer ein Mann des Friedens sein. Doch wenn du mir nicht glauben kannst, dann töte mich!«

In Rabaans Gesicht spiegelte sich sein innerer Kampf zwischen der Angst vor Ayron und der Hochachtung vor ihm, die er in der kurzen Zeit ihres Gesprächs gewonnen hatte. Schlagartig gewann seine Angst die Oberhand. Mit einer heftigen Bewegung riß er seinen Dolch aus der Scheide. Die Blicke der beiden Männer trafen sich, und die Zeit stand still. Zu seiner Verwunderung fand Rabaan keine Spur von Angst in Ayrons Augen. Der Blick des jungen Mannes war ruhig wie die Oberfläche des Grünen Sees.

Plötzlich war es dem Herrscher, als blicke er mit nie erahnter Klarheit in seine eigene Seele. Mit unerbittlicher Genauigkeit sah er das, was er sonst hinter einem schweren Vorhang vor sich selbst verbarg: die Fratzen seiner Angst, seiner Machtsucht, seines Mißtrauens. Rabaan erkannte die hohe Schutzmauer um sein Herz und fühlte mit einem inneren Frösteln die Kälte seines Daseins.

Eine unwiderstehliche Sehnsucht, sein Leben von Grund auf zu verändern, überwältigte ihn. Wie ein aufgewachter Schlafwandler starrte er auf die tödliche Waffe in seiner Hand, als sähe er sie zum ersten Mal in seinem Leben. Mit einem Schrei des Abscheus vor sich selbst warf er den Dolch in den See.

Ayron lächelte aus tiefster Seele. Der Herrscher hatte begonnen, den unsichtbaren Berg zu besteigen.

»Du hast mich auf eine Weise überzeugt, die ich nie für möglich gehalten hätte«, beendete Rabaan mit unsicherer Stimme ein langes Schweigen. »Du hast mir einen Spiegel vorgehalten, in dem ich die Armut meines inneren Lebens erkannt habe, und ich muß dir dafür danken. Ich verstehe jetzt, warum dir so viele Menschen folgen, und ich weiß, daß du mich in keiner Weise bedrohst. Ich möchte dich bitten, mir deine Geschichte zu erzählen. Woher kommst du? Wie bist du zu dem geworden, der du bist?«

»Ich stamme aus einer einfachen Familie. Mein Vater ist in der Heilkunde erfahren, meine Mutter arbeitet gelegentlich als Näherin. Ich habe mir schon in meiner Jugend viele Fragen gestellt und ahnte, daß ich die Antworten nur auf dem Grund meiner eigenen Seele finden würde. Im Alter von achtzehn Jahren begann ich mit meiner Suche. Jeden Abend stieg ich den Hügel vor unserem Dorf empor, ließ mich auf seinem

Gipfel nieder und tauchte in die Tiefen meiner Seele ein.«

»Was hast du dabei entdeckt?«

»Am Anfang nicht viel. Oft störten alltägliche Gedanken die Stille in mir, ein jäher Windstoß, der Schrei eines Vogels. Doch mit der Zeit gelangte ich in immer tiefere Schichten meines Wesens, wo keine Gedanken und keine Geräusche mich mehr erreichen konnten. Ich empfand eine heitere Gelassenheit in mir, eine wunderbare Leichtigkeit. Doch ich fand keine Antworten auf meine tiefsten Fragen.«

Ayron blickte auf den Grünen See hinaus. »Niemand weiß, wie tief dieser See in seiner Mitte ist. Und niemand kennt seine eigene Tiefe, solange er sie nicht ausgelotet hat. Fünf Jahre waren vergangen, und ich fühlte, daß ich zwar schon tief, aber noch lange nicht auf den Grund meiner Seele getaucht war, um die Antworten zu finden, die dort wie ein versunkener Schatz auf mich warteten. Also stieg ich weiterhin jeden Abend auf den Hügel vor dem Dorf. Noch einmal verstrichen fünf Jahre, in denen ich tiefer und tiefer in mich ging und dabei immer mehr Frieden und Stille in mir fand, aber nicht die ersehnten Antworten.«

»Ich bewundere dich, Ayron. Wer sich Tag für Tag zehn Jahre lang in Versenkung übt, ohne zu finden, was er eigentlich sucht, hat die Sehnsucht eines Verdurstenden nach Wasser, die Kraft eines Löwen und die Ausdauer eines Zugvogels.«

»Ja, aber nach diesen zehn Jahren schwanden meine

Kraft und meine Ausdauer, während meine Zweifel an der Richtigkeit meines Weges wuchsen. Nur meine Sehnsucht war noch so groß wie zu Beginn meiner Suche, und ihr allein habe ich wohl zu verdanken, daß ich nicht kurz vor dem Ziel aufgegeben habe.«

Ayron ließ erneut seinen Blick über die Oberfläche des Grünen Sees schweifen, während Rabaan gebannt darauf wartete, daß er weitersprach.

»Vor einem Jahr stieg ich mit dem festen Willen auf den Hügel, nicht eher von seinem Gipfel zu weichen, bis ich den Grund meiner Seele erreicht haben würde. Ich sammelte meine letzten Kräfte und kehrte in immer tiefere Versenkung ein. Es war eine klare Vollmondnacht, die Sterne schienen zum Greifen nah. Und plötzlich geschah es!«

Rabaan konnte seine Neugier kaum zügeln. »Was geschah?«

»Ein Wesen aus Licht erschien plötzlich vor mir, das übermenschliche Schönheit, Güte und unendliche Weisheit ausstrahlte. Es hatte die Gestalt eines Menschen, aber es bestand aus reinem, sich in ständigem Fluß befindlichem Licht. Und es sprach zu mir: ›Ich bin gekommen, um deine Sehnsucht zu stillen. Ich werde dir die Antworten schenken, die du schon so lange suchst, doch du darfst sie nicht für dich behalten. Du sollst ein Jahr lang durchs ganze Land ziehen und den Menschen bei ihrer Suche nach dem tiefsten Sinn des Lebens helfen. Dann wirst du dich niederlassen. Jemand wird dir aus Dankbarkeit ein Haus bauen, und dieses Haus wird deine Bleibe und ein Ort sein, zu dem alle Suchenden kommen können, die deiner Hilfe bedürfen.‹ Nun schwebte das wunderbare Lichtwesen auf mich zu und umarmte mich. Dabei hatte ich das überwältigende Gefühl, als würde sein Licht in meine Seele einströmen. Ich wurde von unsagbarer Glückseligkeit übermannt und fiel in einen tiefen Schlaf. Als ich erwachte, ging die Sonne am Horizont auf – und auch am Himmel meiner Seele. Am nächsten Tag verließ ich mein Dorf und machte mich auf den Weg durch das Land. Den Rest meiner Geschichte kennst du.«

»Bist du diesem engelhaften Wesen wahrhaftig begegnet, oder war es eine Vision? Oder bist du eingeschlafen und hast alles nur geträumt?« fragte der Herrscher.

»Ich weiß es nicht«, gestand Ayron. »Vielleicht war es eine wirkliche Erfahrung, vielleicht eine Vision, womöglich auch nur ein Traum. Aber im Grunde ist es mir einerlei, wie mein Erlebnis zu erklären ist, denn es hat mich zum Ziel meiner Suche geführt. Und darauf kommt es letztlich an.«

Lange schwiegen die beiden so unterschiedlichen Männer.

Schließlich sagte Rabaan: »Ist dies nicht ein wunderschöner Ort?«

»Ja«, antwortete Ayron und lächelte, denn er ahnte, was der Herrscher als nächstes sagen würde.

»Dann will ich hier am Ufer des Grünen Sees ein Haus für dich bauen lassen, das ich dir schenken werde. Dort will ich dich einmal im Monat besuchen«, fuhr

Rabaan fort, »und dich um deinen Rat bitten, wenn es für mich gilt, schwierige Entscheidungen zum Wohl meines Landes und Volkes zu treffen. Ich habe gute Berater mit Erfahrung, Wissen und scharfem Verstand, aber ihnen allen fehlt etwas, über das du verfügst.«

»Ich werde dir so gut helfen, wie ich es vermag«, versprach Ayron.

Von diesem Tag an begann das Leben im Land des Herrschers aufzublühen, und die wachsende Zufriedenheit der Menschen bescherte seinem Volk die glorreichste Zeit seiner Geschichte.

Rabaan benutzte seine Macht mit Weisheit und Weitsicht. Er besiegte die Armut, schlichtete die Fehden zwischen lang verfeindeten Fürsten, stiftete Frieden im ganzen Land.

Mit den Jahren verschwanden Haß, Gier und Neid aus den Herzen der Menschen. Die einst überfüllten Kerker und Verliese leerten sich und verfielen zu Ruinen, zu Mahnmalen einer vergangenen Zeit. Die Menschen lebten harmonisch zusammen und hatten alles, was sie zu einem guten Leben brauchten.

Zwanzig Jahre nach der ersten Begegnung saß Rabaan mit Ayron auf der Terrasse seines Hauses am Ufer des Grünen Sees. Sie waren mit der Zeit gute Freunde geworden. Rabaan sagte zu Ayron: »Nun hast du doch die Macht über mich und mein Land gewonnen, denn es ist durch deinen segensreichen Einfluß in eine ungeahnte Blütezeit eingetreten. Und ich hatte damals so viel Angst vor dir, daß ich dich fast getötet hätte! Wie blind ich doch war! Du hast mir die Augen geöffnet, und ich werde dir nie genug dafür danken können!«

Ayron schüttelte lächelnd den Kopf. »Wir beide schulden dem Schicksal Dank. Es hat uns an diesem Ort zusammengeführt, um uns zu lehren, daß Macht und Einsicht keine Erzfeinde sein müssen. Sie können Hand in Hand gehen. Und nur dort, wo sie es auch tun, werden Zufriedenheit und Glück das Leben der Menschen erfüllen. Laß uns zu dem Baum gehen, an dem wir uns kennengelernt haben! Ich will dir etwas zeigen.«

Gemeinsam gingen die beiden Freunde zu dem Ort ihrer schicksalhaften Begegnung.

»Damals, als du deinen Dolch, mit dem du mich töten wolltest, in den See geworfen hast, erkannte ich, daß du mit ihm zugleich die Gewaltbereitschaft und Willkür in deiner Seele von dir abgeworfen hattest. Gestern saß ich unter dem Baum, bei dem du mich zur Rede gestellt hast, und schaute auf die Stelle, an der dein Dolch in den See gefallen war. Nun sieh selbst, was dort geschehen ist«, sagte Ayron und streckte seinen Arm aus.

Rabaan folgte Ayrons Aufforderung und erblickte auf der Wasseroberfläche die schönsten Lotusblumen, die er jemals gesehen hatte.

Ein guter Tag

Wie fast jeden Tag geht er im Wald spazieren, spürt das stille Leben der Bäume, hört das Rauschen der Blätter im Wind: ein Erlebnis, das ihn immer wieder erfrischt und kräftigt. Er atmet all das tief in seine Seele ein, bewundert die Schönheit der Bäume: ihr sanftes Wesen, ihre ästhetische Gestalt, ihre friedliche Gelassenheit.

Er sieht eine Eiche, die gefallen ist. Vielleicht wegen einer Krankheit, vielleicht weil sie einen Sturm nicht überstanden hat. Ein trauriger Anblick. Der Mann bückt sich, legt seine Hand behutsam auf die Rinde, seufzt und setzt sich dann auf den Stamm.

Plötzlich laufen Tränen über seine Wangen. Er läßt sich in seine Traurigkeit fallen, wie er es immer tut, wenn sie ihn befällt. Es ist falsch, gegen sie zu kämpfen, sie versucht nur, sein Herz zu erleichtern.

Doch was liegt ihm auf dem Herzen? Ist es das Leiden an der Welt, auf der Tag für Tag so viel Unheil geschieht, so viele Tragödien und Dramen, so viel Mord und Totschlag? Oder trauert er über die Vergänglichkeit des Lebens, auch über seine eigene?

Er weiß es nicht. Er befindet sich im Herbst seines Lebens, vielleicht auch schon im Winter. Angst vor dem Tod hat er nicht, denn der Tod ist nicht das Ende, sondern nur eine Schwelle. Vielleicht auch eine Hürde oder Mauer, über die er springen oder klettern muß. Kein Ende für immer, nur ein Übergang. Er wehrt sich nicht gegen die Tränen, die über sein Gesicht laufen. Das Weinen ist nur die andere Seite des Lachens, und der Mann lacht gern. Vielleicht muß er von Zeit zu Zeit weinen, um das Lachen nicht zu verlieren.

Er weiß es nicht, und jetzt fragt er auch nicht weiter. Auf manche Fragen gibt es keine guten Antworten, und keine Antwort ist besser als eine schlechte.

Vielleicht weine ich über all die Sorgen und Probleme, die die Menschen haben und sich gegenseitig machen, denkt er. Über all die sinnlosen Kämpfe und Kriege, die sie führen, weil sie sich nicht in die Lage der anderen versetzen möchten oder können, weil sie unbedingt gewinnen oder Recht behalten wollen.

Nein, die Wahrheit ist: Ich weine darüber, daß die einzige Frau, die ich mit ganzem Herzen und aus tiefster Seele geliebt habe und immer lieben werde, nicht bei meiner Rückkehr vor dem Haus stehen und zu mir sagen wird: »Ich bin nicht gestorben, ich habe nur einen langen Spaziergang gemacht.« Und doch ist es gut, daß ich das Leid der inneren Einsamkeit tragen darf, denn wenn ich vor ihr gegangen wäre, müßte sie es tragen. Daß sie dies nicht muß, ist mein stärkster Trost.

Der Mann sitzt noch auf dem Baumstamm, als längst alle Tränen geflossen sind. Erst als die Sonne untergeht und er zu frieren beginnt, steht er auf und macht sich auf den Weg nach Hause.

Ein heimlicher Beobachter hätte in ihm wohl einen alten, traurigen Mann gesehen, der nichts Besseres mehr mit seinem Leben anzufangen weiß, als lange und fast bewegungslos auf einem Baumstamm im Wald zu sitzen. Doch auf seinem Rückweg nach Hause spürt der Mann, daß er einen guten Tag erlebt hat, an den er sich gern erinnern wird.

Das Schlimmste auf der Welt

Eine Mutter fragte ihre drei Töchter: »Was ist das Schlimmste auf der Welt?«

»Der Krieg«, sagte die erste.

»Die Gewalt«, meinte die zweite.

»Der Haß«, fiel die dritte ein.

»Ihr habt mir die Blüte, die Blätter und den Stengel einer giftigen Pflanze genannt, doch was ist ihre Wurzel?«

Die Töchter wußten keine Antwort.

»Die Unfähigkeit vieler Menschen, sich selbst im anderen wiederzufinden«, sagte ihre Mutter.

Auf der Wanderschaft

»Ich weiß nicht mehr, was für mich gut ist«, klagte ein junger Mann unvermittelt einer älteren Frau, die er bei einer Wanderschaft auf einem Pilgerweg kennengelernt hatte, während sie sich von den Mühen eines steilen Anstiegs erholten. »Ich habe meine besten Freunde um Rat gebeten, doch jeder hat mir etwas anderes empfohlen. Ich habe den Kontakt zu mir selbst verloren. Irgendwie bin ich von meinem Weg abgekommen. Vielleicht, weil eine langjährige Liebesbeziehung in die Brüche ging. Weil ich das schwierigste Jahr meines Lebens hinter mir habe. Weil mehr Problematisches auf mich eingeströmt ist, als ich verkraften konnte. Menschen, die ich um Rat fragte, konnten mir nicht weiterhelfen. Du wirkst auf mich, als hättest du schon viel erlebt und erkannt. Kannst du mir vielleicht einen Rat geben?«

Die Frau sah dem jungen Mann eine Weile schweigend in die Augen und spürte seine Verwirrung. »Ich glaube, am besten kannst du dir selbst helfen. Du und die Zeit. Du mußt Geduld mit dir haben. Du bist von deinem Weg abgekommen und wirst eine Weile brauchen, bis du den Ort in dir findest, wo dein innerer Ratgeber auf dich wartet. An diesem Ort herrscht eine wunderbare Stille, und du wirst die Worte deines Ratgebers verstehen. Im Lärm deiner Verzweiflung kannst du seine leise Stimme nicht hören.«

»Und wie soll ich wissen, wo mein innerer Ratgeber auf mich wartet?«

»Das herauszufinden ist für alle Menschen ein großes Abenteuer. Es gibt viele Wege. Manchen helfen lange Wanderungen. Andere fahren ans Meer, setzen sich stundenlang an den Strand und lassen sich von dem Geräusch der Brandung zu sich selbst zurückführen. Andere lesen ein gutes Buch oder vertiefen sich in schöne Musik. Als ich in deinem Alter war, habe ich meine Methode entdeckt, wenn ich mich von mir selbst entfremdet hatte.«

»Magst du sie mir verraten?«

»Gern. Ich habe das Schlafzimmer verdunkelt und mich auf das Bett gelegt. Ich habe nichts getan, als auf dem Bett zu liegen, und bin nur aufgestanden, wenn es sich nicht vermeiden ließ. So wurde es nach und nach in mir immer stiller. Und schließlich habe ich die Stimme meines inneren Ratgebers hören können. Mir hat diese Methode geholfen, anderen würde sie vielleicht nicht helfen. Jeder muß seine eigene finden. Manchen hilft die Erinnerung an intensive Situationen oder Stationen ihres Lebensweges, an wegweisende Einsichten oder Gefühle.«

»Danke für deinen Rat! Ich werde herausfinden, was meine Methode ist.«

»Das solltest du unbedingt tun. Denn solange du nicht mehr weißt, was dein Weg ist, werden andere versuchen, es dir zu sagen. Und verlaß dich darauf: Niemand kann es so gut wie du wissen, denn niemand lebt in deiner Haut und in deiner Seele. Dein bester Ratgeber, Heiler, Philosoph und Lebenskünstler bist du selbst. Alle Möglichkeiten dazu liegen in dir. Du mußt sie nur finden und entfalten.«

Der junge Mann ließ die Worte seiner Wegbegleiterin auf sich wirken und spürte, daß sie ihm eine Tür zu zeigen versuchten, durch die er entschlossen war zu gehen. Er stand auf. »Wandern wir weiter?«

»Geh du schon vor! Ich brauche noch etwas Zeit, um mich zu erholen. Und du wirst etwas Zeit brauchen, bis meine Worte deine Seele eingeholt haben.«

Die Neugeburt

Rogano war einer der reichsten Männer der Stadt. Er besaß mehrere Häuser, Grundstücke, Geschäfte und eine herrliche Villa, von deren weitläufiger Terrasse er einen wunderbaren Blick auf das Meer hatte.

Vor drei Jahren hatte ihn seine Frau Livia unverhofft verlassen – der einzige Mensch, den er geliebt und dem er vertraut hatte. Danach hatte er sich mehr und mehr aus dem gesellschaftlichen Leben zurückgezogen. Schmerzlich war ihm bewußt geworden, daß seine sogenannten Freunde vor allem Freunde seines Geldes gewesen waren. Seine Ehe mit Livia war zu seinem Bedauern kinderlos geblieben, seine Eltern waren schon lange tot. Seinen fünfzigsten Geburtstag hatte er allein verbracht.

Rogano war ein einsamer Mann, aber inzwischen litt er nicht mehr sonderlich unter seiner Einsamkeit, denn die Leidensfähigkeit war ihm genauso abhanden gekommen wie die Liebesfähigkeit. Sein Herz war wie betäubt. Oft saß er stundenlang bewegungslos auf der Terrasse, blickte auf das Meer hinaus, und in seinen Augen war eine Leere, die aus den Tiefen seiner Seele kam.

Schließlich konnte er nicht mehr umhin, der Wahrheit ins Gesicht zu sehen, daß er nicht mehr fühlen konnte. Was immer er auch sah und hörte, berührte ihn nicht mehr, er nahm es nur noch zur Kenntnis.

Das gewaltige Meer, das immer in Bewegung war, konnte ihn nicht mehr bewegen. Die prächtigen Sterne am nächtlichen Himmel waren für ihn nur noch kleine unbedeutende Lichter, keiner längeren Betrachtung wert. Nicht einmal die Schönheit der Schmetterlinge in seinem Garten konnte ihn entzücken. Teilnahmslos streifte er die farbenfrohen Muster ihrer Flügel mit einem kurzen Blick. Auch die Freude an den schönen Künsten hatte er verloren.

Vielleicht war diese Gleichgültigkeit eine Folge seines Alters. Was man zu oft gesehen oder erlebt hatte, verlor wohl nach und nach seinen Reiz, bis er schließlich ganz aufgebraucht war. Vielleicht war seine innere Leere auch eine Folge der Flucht seiner ehemaligen Frau aus seinem Haus, aus seinem Leben. Womöglich war seine Empfindungslosigkeit aber auch die Strafe dafür, daß er zuviel von seiner Kraft und Zeit dem Erwerb und Erhalt seines Reichtums geopfert hatte, den er nun nicht mehr genießen konnte.

Die einzigen Menschen, die er regelmäßig sah, waren seine Haushälterin, sein Gärtner und der Verwalter seines Vermögens. Sie arbeiteten schon lange für ihn und machten ihre Sache gut. Trotzdem waren sie austauschbar, und wenn einer von ihnen Roganos Unzufriedenheit erregen sollte, würde er ihn ohne Bedenken durch eine andere Kraft ersetzen.

Nachdem er fast einen Monat seine Villa nicht verlassen hatte, beschloß Rogano eines sonnigen Morgens, einen Spaziergang durch die Stadt zu machen. Er wollte sicher sein, daß er nichts verpaßte, wenn er menschliche Gesellschaft mied. Außerdem würde ihm ein bißchen körperliche Bewegung nicht schaden.

Er wies seine Haushälterin an, das Mittagessen vorzubereiten, so daß er es nach seiner Rückkehr auf der Terrasse einnehmen könne. Dann verließ er sein Haus.

Auf seinem Weg mußte er an Livia denken, mit der er so oft gemeinsam in die Stadt gegangen war. Er hatte sie geliebt wie keinen anderen Menschen in seinem Leben, hatte ihr edles und gleichzeitig bescheidenes Wesen bewundert. Ihre Ehrlichkeit, ihre Treue und ihre Sanftmut hatten ihn immer aufs neue berührt, zumal er in seinem Geschäftsleben täglich mit Menschen verkehrte, die weder ehrlich noch treu und schon gar nicht bescheiden waren. Den allermeisten ging es nur darum, möglichst viel für sich selbst herauszuschlagen, wobei sie in der Wahl ihrer Mittel nicht immer zimperlich waren.

Rogano hatte oft bereut, daß er viel zuviel Zeit mit solchen Menschen verbracht hatte, anstatt sie seiner Frau zu schenken. Eigentlich war ihm Livias Wert erst nach ihrem Weggehen richtig bewußt geworden, und diese Erkenntnis lastete schwer auf seiner Seele. Wochenlang hatte er keinen Schritt aus seinem Haus getan, so sehr bedrückte ihn die Qual über den Verlust der einzigen Frau, die er je geliebt hatte, ohne ihr gezeigt zu haben, wie sehr er sie liebte.

Später hatte er sich einmal gefragt, ob er seine bittere Trauer wirklich überwunden oder nur betäubt hatte – und mit ihr sein Herz und seine Seele. Aber er hatte diese Frage aus seinem Bewußtsein verdrängt, weil er sich vor der Antwort fürchtete. Inzwischen wußte er die Antwort, denn sie war nicht mehr zu leugnen. Er sah sie in seinen leeren Augen, wenn er in den Spiegel schaute. Er entdeckte sie, wenn er die Augen schloß und in sich selbst blickte.

Auf halbem Weg entdeckte Rogano den toten Körper einer schön gemusterten Eidechse im Gras am Wegesrand. Er betrachtete ihn genauer und stellte fest, daß er keine Verletzungen aufwies. Offensichtlich war die Echse an Altersschwäche gestorben.

Noch vor wenigen Jahren hätte ihn ein solcher Anblick traurig gemacht. Jetzt sah er in ihm nur einen weiteren überflüssigen Beweis der Vergänglichkeit allen Lebens, auch des Lebens der Gefühle.

Wie gern wäre er noch einmal ein junger Mann gewesen, um all die Zeit und Kraft, die er dem Gelderwerb geopfert hatte, seiner Frau zu widmen! Vielleicht wäre sie dann nicht so unvermittelt gegangen und hätte ihn nicht allein gelassen, wie er sie viel zu oft allein gelassen hatte, um seine Geschäfte zu tätigen. Aber das Rad der Zeit ließ sich nicht zurückdrehen, es lag außerhalb der Reichweite menschlicher Wünsche.

Rogano seufzte. Fast wäre er umgekehrt und zu seinem Haus zurückgegangen, denn bei dem Gedanken, unter Leute zu gehen, erfaßte ihn Unbehagen. Doch irgend etwas zog ihn in die Stadt, und so setzte er nach kurzem Zögern seinen Weg fort.

Die Stadt war so, wie er sie in Erinnerung hatte. Geschäftig eilten die Menschen aneinander vorbei, in Gedanken schon an Zielen, die sie noch längst nicht erreicht hatten.

In den Geschäften feilschten Händler und Kunden wie eh und je miteinander, die Wohlhabenden trugen vornehme, die Armen schäbige Kleidung, und auf dem Marktplatz priesen die Bauern der Umgebung ihr Obst und Gemüse mit denselben Sprüchen an, die schon ihre Eltern benutzt hatten. Alles war wie immer, und Rogano wollte gerade den Rückweg antreten, als er den Klang einer Flöte hörte. Unwillkürlich blieb er stehen und drehte sich um.

Sein suchender Blick fiel auf einen Mann mit langen grauen Haaren, der am Rand des Marktgeschehens im Schneidersitz auf dem Bordstein saß und in einer Weise seine Flöte spielte, die Rogano hellhörig machte. Fast gegen seinen Willen trugen ihn seine Beine näher zu dem Musiker, der etwa in seinem Alter sein mochte, bis er wenige Schritte vor ihm stehenblieb.

Er war ein sehr begabter Musiker, obwohl er mit seinen abgetragenen Kleidern und verfilzten Haaren aussah wie ein Bettler. Er verstand es, seiner Flöte Melodien zu entlocken, die aus der Mitte seiner Seele zu strömen schienen – und spielte mit so viel Hingabe und Schönheit, daß Rogano zu seiner Verwunderung bemerkte, wie seine Augen feucht wurden.

Der Mann beendete sein Spiel mit einer heiteren, fast überschwenglichen Tonfolge und öffnete die Augen, die er die ganze Zeit geschlossen gehalten hatte.

Die Blicke der beiden Männer trafen sich. Rogano war überrascht von dem jugendlichen Glanz und der warmen Lebendigkeit in den Augen des Flötenspielers. Unwillkürlich trat er vor, griff in seine Tasche und legte eine Goldmünze in den auf dem Boden liegenden Hut des Musikers, dessen spärlicher Inhalt offenbarte, was seine Kunst den Marktbesuchern wert war.

Einen Augenblick lang zeigte sich Erstaunen im Blick des Flötisten, dann schüttelte er lächelnd den Kopf, nahm die Goldmünze aus seinem Hut und hielt sie Rogano mit den Worten entgegen: »Du hast dich wohl vergriffen. Mein Spiel ist längst nicht so viel wert.«

»Es ist mehr wert«, entgegnete Rogano und legte dem Mann eine zweite Goldmünze in die Hand.

Das Gesicht des Flötisten drückte nun eine Ratlosigkeit aus, die Rogano zum Schmunzeln brachte. Ohne darüber nachzudenken, was er tat, setzte er sich neben den Mann auf den Boden, stellte sich vor und fragte ihn nach seinem Namen und seiner Art zu leben.

»Ich heiße Benko und lebe für das Leben«, war die ebenso kurze wie beeindruckende Antwort. »Und wofür lebst du?«

»Ich weiß es nicht mehr.« Rogano schüttelte traurig den Kopf. »Ich habe einmal geglaubt, es zu wissen, aber diesen Glauben schon lange verloren. Ich fühle mich innerlich wie betäubt, nichts erreicht mich mehr, nichts berührt mich mehr. Als ich dein zauberhaftes Flötenspiel hörte, habe ich zum ersten Mal seit Jahren wieder etwas gefühlt.«

»Was hast du gefühlt?«

»Das Leben in dir, die Freude in deiner Seele, die du aus deinem tiefsten Inneren durch die Flöte in meine Ohren und durch sie in mein Herz getragen hast. Du bist ein begnadeter Musiker. Mit deiner Flöte machst du das Unhörbare hörbar, fühlbar.«

»Herzlichen Dank für das große Lob, aber ich spiele einfach nur, was ich in mir spüre«, erklärte Benko bescheiden. »Heute bin ich froh, also ist meine Musik heiter. Morgen bin ich vielleicht betrübt, und dann wird auch mein Spiel traurig klingen.«

»Wie immer es auch klingen mag, es trägt einen Zauber in sich, der ein totes Herz wieder zum Leben erwecken kann.«

Benko lächelte verlegen und steckte sich die beiden Goldmünzen unbeholfen in die Tasche. Er nahm auch die wenigen Münzen aus seinem Hut heraus und setzte ihn sich auf.

»Darf ich dich zum Essen einladen?« fragte Rogano. »Mein Haus ist nicht weit von hier, und meine Haushälterin ist eine hervorragende Köchin.«

Benko nahm die überraschende Einladung mit einem dankbaren Kopfnicken an.

Nach dem Essen saßen die beiden Männer auf Roganos Terrasse und blickten auf das Meer hinaus, das an diesem windstillen Tag kaum von Wellengang bewegt war. Im Gegensatz zu allen seinen bisherigen Besuchern hatte Benko kein Wort über Roganos prächtigen Besitz fallen lassen, was ihn so sehr verwunderte, daß er seinen Gast fragte: »Gefällt dir mein Haus nicht?«

»Oh, doch. Du hast eine wunderschöne Villa und einen herrlichen Garten, und die Aussicht auf das Meer ist einzigartig.«

»Ich habe lange und hart dafür gearbeitet. Hättest du nicht auch gern ein solches Haus?«

Benko schüttelte den Kopf. »Nein, ich möchte kein Haus haben. Erst besitze ich es – und dann besitzt es mich. Besitz belastet nur, und ich will möglichst frei und leicht leben. Alles, was ich brauche, findet in meinem Rucksack Platz. Je weniger ich habe, desto weniger habe ich zu verlieren. Und je weniger ich zu verlieren habe, desto freier fühle ich mich. Mein Haus ist in mir, in meiner eigenen Seele.«

Rogano dachte lange über die Worte seines Gastes nach, bevor er fragte: »Wie bist du zu dem geworden, der du bist?«

»Ich war schon als Kind so. Ich fühlte mich nur unter freiem Himmel wohl. Die Natur war mein Zuhause. Die Bäume, Blumen und Tiere waren meine Freunde. Am liebsten schlief ich in einem Baumhaus, das ich mit meinem besten Freund gebaut hatte. Zur Schule bin ich nicht so gern gegangen, und die Vorstellung, einmal so leben zu müssen wie die Erwachsenen, so ernst, so sachlich und geschäftig, erfüllte mich mit

Angst und Schrecken. Ich wollte keine Familie gründen, kein Haus bauen, kein Geld anhäufen – ich wollte einfach nur ich selbst sein und mein eigenes Leben in Freiheit führen.«

»Wie bist du so früh zu dieser Einsicht gekommen?«

»Ich hatte erkannt, daß die meisten Erwachsenen für alles mögliche lebten, für ihren Beruf, für ihre Familie, für ihren Besitz, ohne sich zu fragen, ob es überhaupt ihr eigenes Leben war, das sie führten. Sie taten nur das, was alle machten. Ich habe mir eines Abends, als ich in meinem Baumhaus saß und den Sonnenuntergang betrachtete, einige wichtige Fragen gestellt. Ich habe mich gefragt, wer ich bin, woran ich glaube, wo ich stehe, wohin ich gehen will und was meine wirklichen Wünsche und Sehnsüchte sind.«

»Das sind ziemlich ungewöhnliche Fragen für einen jungen Mann.«

»Mag sein, aber mir erschienen sie ganz natürlich. Ich finde, solche Fragen sollte sich jeder stellen, der sich nicht damit begnügt, vorgegebene Wege zu gehen, sondern das Leben als eine Reise betrachtet, bei der man nie weiß, welche Überraschungen sie bringt und wohin sie letztlich führt. Nicht jede Überraschung ist angenehm, und manche Erfahrungen haben einen hohen Preis. Aber viel Gutes wartet auf den, dem es nicht genügt, in die Fußstapfen anderer zu treten, weil er seinen Weg auf unberührtem Boden gehen will. An diesem Abend entschied ich mich, nach dem Ende meiner Schulzeit auf Reisen zu gehen, um mich und das Leben wirklich kennenzulernen. Und nun habe ich graue Haare und bin immer noch unterwegs.«

»Du hast nie einen Beruf erlernt?«

Benko nickte. »Das Einzige, was ich kann, ist Flöte spielen, und das habe ich mir selbst beigebracht. Seit Jahrzehnten ziehe ich als Wandermusikant durch die Lande, spiele meine Flöte auf Marktplätzen, Hochzeiten und Geburtstagsfeiern und lebe bescheiden von dem, was die Menschen mir dafür geben. So viel wie du hat mir noch niemand geschenkt. Du mußt verrückt sein.«

Benko nahm die beiden Goldmünzen aus der Tasche und betrachtete sie ungläubig. »Davon kann ich sehr lange leben. Ich weiß gar nicht, wie ich dir danken soll.«

»Du dankst mir schon mit deiner Nähe und deinen einfachen, aber wesentlichen Worten. Du dankst mir, indem du mir die Hoffnung gibst, daß es für mich vielleicht noch nicht zu spät ist, mein Leben aus seinem todesgleichen Schlaf zu erwecken. Dein Flötenspiel hat mir gezeigt, daß ich noch fühlen kann. Auch wenn es seltsam klingen mag: Ich glaube, daß du mir geschickt worden bist, um mir zu helfen, mich aus meiner inneren Erstarrung zu befreien – einfach, indem du bist, wie du bist. Siehst du das Gartenhaus dort bei den beiden Zedern?«

Benko wandte den Kopf zur Seite und nickte.

»Ich lade dich ein, dort zu wohnen, solange du magst. Ich erwarte dafür keine Gegenleistung von dir. Du sollst wissen, daß du in meinem Gartenhaus immer eine Zuflucht findest, wenn du einen Ort suchst, wo du dich vom Umherziehen ausruhen willst.«

»Du bist sehr großzügig, Rogano.«

»Die meisten Leute halten mich für einen Geizhals, und sicherlich haben sie recht, denn mit Großzügigkeit läßt sich kein Reichtum erwerben. Aber der Reichtum hält nicht, was er verspricht. Und das Geldsammeln ist ein gefährliches Unterfangen, denn je voller der Geldbeutel wird, desto leerer wird die Seele. Das wird mir leider erst jetzt bewußt, im Alter von fünfzig Jahren. Ist das nicht traurig?«

»Freue dich doch«, hielt Benko ihm entgegen, »daß es dir überhaupt bewußt geworden ist! Du bist noch jung genug, um aus deiner Erkenntnis zu lernen. Es ist nie zu spät für eine Neugeburt. Erkenne in jedem neuen Morgen, der dir geschenkt wird, die Möglichkeit, einen Schritt weiter in ein neues Leben zu gehen. Besinne dich auf deine ureigenen Begabungen und Wünsche, auf deine Freuden und Stärken. Finde und nutze die einmaligen Möglichkeiten eines jedes Tages, den das Leben dir schenkt. Auch wenn du dabei Rückschläge erleiden wirst – eine solche Einstellung kann Wunder wirken.«

Rogano sah den Flötenspieler nachdenklich an, während er spürte, daß dessen Worte etwas in ihm in Bewegung setzten, das lange Jahre in einer Starre gefangen war.

»Das Leben lebt von seiner ständigen Erneuerung«, fuhr Benko fort. »Wie eine Schlange von Zeit zu Zeit ihre alte Haut abstreift, mußt du in bestimmten Lebensabschnitten Altes hinter dir lassen, um dich weiterentwickeln zu können. Laß die Vergangenheit los und vertraue dem Leben, wenn es dich dazu einlädt, ihm in der Gegenwart zu begegnen, auch wenn du nicht wissen kannst, was die Zukunft bringt. Du hast keine andere Wahl, wenn du wirklich leben und nicht nur älter werden willst.«

Nach diesen Worten zog Benko seine Flöte aus dem Rucksack, schloß die Augen und spielte eine Melodie, die so zauberhaft und voller Leben war, daß Rogano spürte, wie seine Seele aus ihrem Schlaf erwachte. Und sie begann anmutig und hingebungsvoll zu Benkos phantastischem Flötenspiel zu tanzen, während Tränen der Dankbarkeit aus Roganos Augen flossen.

Er erkannte, daß er beim rastlosen Anhäufen weltlicher Schätze übersehen hatte, daß es etwas viel Wertvolleres als alles Gold der Welt gab: seine Seele. Er hatte sie sein ganzes Leben lang nicht genug beachtet, bis sie sich vor seiner Oberflächlichkeit in einen tiefen Schlaf geflüchtet hatte, und mit ihr waren seine Empfindungsfähigkeit und Erkenntniskraft eingeschlafen.

Nun fiel es ihm wie Schuppen von den Augen: Die gewaltige Traurigkeit darüber, daß er sein bisheriges Leben vergeudet hatte, hätte ihn beinahe wie eine Sturmflut überschwemmt. Sein Glück war, daß er den Weg zu sich selbst doch noch gefundenen hatte. Das wirkte wie ein hoher, starker Deich, an dem die wilde Brandung des Bedauerns scheiterte.

Und wer könnte sagen, ob er seinen Weg überhaupt noch entdeckt hätte, wenn er nicht diesem außergewöhnlichen Mann an seinem Tisch begegnet wäre, der wie ein Bettler aussah, aber so wundervoll Flöte spielte, wie nur jemand es konnte, der in Einklang mit der Quelle seines Wesens stand: einer, der wirklich reich war, reich an sich selbst, seelenvoll.

Ist dies nicht der höchste Reichtum, den ein Mensch haben kann, dachte Rogano. Denn was nützen alles Gold und aller Wohlstand, wenn die Seele verarmt? Und wie unwichtig ist das Geld, wenn die Seele selig ist und wir in Glück und Freude leben können!

Einer plötzlichen Eingebung folgend, stand Rogano auf, lief die Stufen zum Strand hinunter und rannte auf das Meer zu, stürzte sich ausgelassen in die Wellen, lachte und weinte vor Freude und fühlte mit allen Fasern seines Wesens, daß er lebte.

Benko legte seine Flöte beiseite und sah ihm lächelnd zu.

Als Rogano, überwältigt von dem befreienden Aufleben seiner Gefühle, die Augen schloß, sah er plötzlich das Gesicht seiner Frau vor sich. Er spürte, daß er seinen ganzen Reichtum hergeben würde, um sie noch einmal zu umarmen.

»Ich habe dich mehr geliebt, als ich jemals ahnte«, flüsterte er.

Die Sehnsucht nach dem Besten

Ein Suchender fand nach langen Jahren rastlosen Unterwegsseins einen Mann, von dem viele Menschen sagten, er sei ein Weiser. Er klopfte an seine Tür und bat um ein Gespräch. Der Weise nickte und bat ihn hinein.

Der Suchende setzte sich zu ihm und sah ihm in die Augen. Und alle Fragen, die er hatte stellen wollen, schienen ihm plötzlich unwichtig.

Auf einmal lachte der Weise, und der Besucher fühlte sich nicht ernst genommen.

»Lachst du über mich?« fragte er verwirrt.

Der Weise lachte nur noch lauter. Sein Gast wurde unsicher, ob er wirklich an einen weisen Mann geraten war. So beschloß er, ihn mit einigen Fragen zu prüfen.

»Meinst du nicht auch, daß das Gute der schlimmste Feind des Besseren ist? Denn wir halten oft ängstlich am Guten und Bewährten fest und rauben uns damit die Kraft und den Mut, entschlossen das Bessere zu suchen.«

Der Weise nickte.

»Und ist es nicht so, daß das Bessere wiederum der ärgste Feind des Besten ist, weil es uns so zufrieden macht, daß wir die Sehnsucht nach dem Besten verlieren?«

Der Weise nickte abermals.

»Ich habe immer das Beste gesucht«, bekannte der Suchende. »Ich fand viel Gutes in anderen Menschen, zwischen anderen und mir und auch in mir. Doch ich ließ es zurück, ging weiter und fand das Bessere. Ich wurde zufrieden und glaubte oft sogar, daß ich glücklich sei. Doch meine Sehnsucht nach dem Besten, dem Unübertrefflichen trieb mich schließlich weiter. Ich ließ traurige Herzen auf meinem Weg zurück. Und mein eigenes Herz wurde selbst dabei traurig.«

Wieder nickte der Weise.

»Viele sagen, du seist ein weiser Mann. Wenn es so ist, sage mir, ob es das Beste, das Unübertreffliche gibt, ob es wirklich zu erlangen ist oder eher dem Horizont gleicht, der immerzu vor dem Wanderer zurückweicht, der ihn erreichen will. Denn wenn das Beste nicht erreichbar ist, sollte man sich dann nicht lieber mit dem Guten und Besseren zufriedengeben?«

Der Weise schüttelte den Kopf und antwortete: »Gib dich mit dem zufrieden, was dich zufrieden macht. Und werde glücklich mit dem, was dich glücklich macht. Doch gib die Hoffnung nicht auf, das Beste finden zu können. Es existiert, und wenn du es gefunden hast, weißt du es jenseits aller Zweifel. Denn es schenkt dir den klaren Blick ins Herz des Lebens. Solange du noch Sehnsucht nach dem Besten verspürst, wirst du es suchen müssen.«

Der Besucher bedankte sich, verbeugte sich achtungsvoll zum Abschied und verließ den Weisen mit Licht im Herzen.

Die eigene Wahrheit finden

»Wieviel Sinn hat mein Leben?« fragte ein Mann einen Weisen.

»Soviel Sinn, wie du ihm zu verleihen vermagst.«

»Wie verleihe ich ihm möglichst viel Sinn?«

»Indem du möglichst glücklich lebst.«

»Wie lebe ich möglichst glücklich?«

»Indem du deine wahren Bedürfnisse erkennst und sie befriedigst.«

»Wie erkenne ich meine wahren Bedürfnisse?«

»Indem du dich selbst mit der gleichen Hartnäckigkeit und Beharrlichkeit befragst wie mich.«

»Wie finde ich heraus, was mich glücklich macht?«

»Indem du dich erkennst. Indem du deine eigene Wahrheit findest. Jeder Mensch hat eine eigene Wahrheit, die sich von den Wahrheiten anderer Menschen unterscheidet. Es ist nicht leicht, sie zu finden, doch man muß sie entdecken, um sich selbst zu finden.«

»Wo soll ich nach ihr suchen?«

»In deiner Seele.«

»Und wenn ich sie nicht finde?«

»Du wirst sie finden! So beharrlich, wie du bist.«

»Erlaube mir noch eine letzte Frage: Gibt es eine gute Methode, die eigene Wahrheit zu finden?«

»Eine gute Methode ist, herauszufinden, was die eigene Wahrheit *nicht* ist. Auf dem Weg der Erkenntnis all dessen, was man nicht ist, findet man am Ende die eigene Wahrheit, das eigene Wesen, den eigenen Sinn. Niemand kann diesen Weg für dich gehen. Niemand kann dir deine Wahrheit erklären. Auch ich kann das nicht«, sagte der Weise.

Der stete Tropfen und der Stein

Als der stete Tropfen zum ersten Mal auf den Stein fiel, lachte der Stein und sagte: »Du bist wohl größenwahnsinnig! Willst du dich sinnlos an mir vergeuden?«

Der stete Tropfen schwieg.

Nach fünf Jahren war dem Stein das Lachen vergangen, und er mußte dem steten Tropfen zugestehen: »Eins muß ich dir lassen – du bist zwar weich, aber hartnäckig.«

Nach zehn Jahren bekannte der Stein: »Ich habe dich unterschätzt.«

Und nach hundert Jahren mußte er eingestehen: »Du hast eine Mulde in mich hineingetropft. Wie kann etwas so Weiches wie du etwas so Hartes wie mich verformen?«

»Weil Nachgiebigkeit und Beständigkeit auf lange Sicht stärker sind als Härte und Starre«, antwortete der stete Tropfen.

Zauber der Freundschaft

Vor einem Jahr war eine ältere Frau namens Maluna in das kleine Haus am Dorfrand gezogen, das sie von ihrem Onkel geerbt hatte. Sie erwies sich als eine zurückhaltende Frau, die allen Dorfbewohnern mit Respekt und Freundlichkeit begegnete, aber mit niemandem nähere Bekanntschaft schließen wollte. Sie hielt immer eine gewisse Distanz, was ihr bald den Ruf einer Außenseiterin eintrug.

Vielleicht, munkelte man, hatte jemand in ihrem früheren Leben sie so sehr verletzt, daß sie menschenscheu geworden war. Vielleicht seien ihr die einfachen Leute im Dorf nicht gut genug, hieß es auch, immerhin habe sie in ihrem Berufsleben als Lehrerin an einer höheren Schule in einer großen Stadt unterrichtet.

Kein Dorfbewohner wagte mehr, ihr einen Besuch abzustatten, nachdem sie einigen unangemeldeten Gästen auf höfliche, aber unmißverständliche Weise gezeigt hatte, daß ihr nichts an ihrer Gesellschaft lag.

Seit Malunas Erscheinen im Dorf war der junge Palo ihr schon einige Male begegnet, beim Lebensmittelhändler, im Papiergeschäft oder auf der Straße, und jedes Mal, wenn ihre Blicke sich trafen, hatte sie ihn so angelächelt, daß ihm warm ums Herz wurde.

Einmal sagte er beim Abendessen mit seiner Familie, daß sie eine nette Frau sei. Sein Vater lachte seltsam und erwiderte: »Nett findest du sie? Die meisten halten sie für ungesellig und sonderlich. Komm bloß nicht auf die Idee, sie anzusprechen! Sie will nichts von uns Dorfleuten wissen, also wollen wir nichts von ihr wissen.«

In diesem Moment entschloß Palo sich, Maluna zu besuchen.

Eine Woche hatte er gebraucht, um genug Mut zu sammeln. Nun stand er vor ihrer Haustür, sah noch einmal nach rechts und links, um sicherzugehen, daß ihn niemand gesehen hatte, und klopfte an.

Wahrscheinlich würde sie ihn mit höflichen Worten wegschicken wie alle anderen vor ihm, aber Palo wollte es auf einen Versuch ankommen lassen, denn etwas an Maluna zog ihn an. Er hätte nicht sagen können, was es war. Er spürte nur, daß sie anders war als die anderen – und daß dies etwas war, das er mit ihr gemeinsam hatte. Nur versteckte er seine Andersartigkeit und tat so, als sei er wie alle, während sie keinen Hehl daraus machte.

Die Haustür wurde geöffnet, Maluna stand lächelnd vor ihm und sagte: »Da bist du ja, Palo! Du hast dir viel Zeit gelassen. Aber jetzt bist du endlich gekommen, und darüber freue ich mich sehr. Laß uns in den Garten gehen!«

Palo hatte mit allem, nur nicht mit dieser herzlichen Begrüßung gerechnet. Maluna kannte sogar seinen Namen! Offensichtlich hatte sie jemanden danach gefragt, und das war ein Zeichen dafür, daß sie sich für ihn interessierte: ausgerechnet sie, die allen im Dorf aus dem Weg ging.

Sprachlos folgte er ihr durch das Haus in den Garten, wo so viele Blumen unterschiedlicher Arten blühten, daß Palo sich nicht an ihnen satt sehen konnte. »Sie lieben Blumen«, sagte er schließlich.

»Ich liebe alles, was schön ist. Setz dich und laß uns reden! Deswegen hast du doch an meine Tür geklopft.«

Ja, deswegen war er gekommen – aus dem Gefühl heraus, daß er von Maluna Antworten auf die Fragen bekommen würde, die alle anderen nur mit einem Achselzucken oder befremdeten Blicken bedacht hatten, bis er seine Fragen für sich behielt. Aber sie ließen ihm keine Ruhe, lagen ihm auf der Seele und wollten gestellt werden, und schließlich hatten sie ihn zu Malunas Haus getrieben.

»Woher wissen Sie, daß ich mit Ihnen reden will?« fragte Palo.

Maluna lächelte. »Ich habe ungestellte Fragen in deinen Augen gesehen, immer wenn wir uns im Dorf über den Weg gelaufen sind, und wußte, daß du früher oder später mit ihnen zu mir kommen würdest. Ich habe lange auf deinen Besuch gewartet. Wahrscheinlich haben deine Eltern dich vor mir gewarnt.«

Palo nickte. »Mein Vater hält Sie für sonderbar.«

Maluna zuckte mit den Achseln. »So sind die Menschen. Ist jemand nicht so wie alle anderen, werden sie unsicher. Ihre Unsicherheit trübt ihre Wahrnehmung, und schon hält man einen Menschen, der seinen eigenen Weg geht oder einfach nur seine Ruhe haben will, für einen Sonderling, dem nicht zu trauen ist. Wenn die anderen ihm diesen Stempel aufgedrückt haben, fühlen sie sich vermutlich besser.«

»Aber Sie sind doch eine Einzelgängerin.«

»Ja, aber nicht aus Überzeugung, sondern aus Mangel an Gelegenheit. Es ist ein ebenso großes wie seltenes Glück, einen Menschen zu finden, mit dem man eine wahre Freundschaft entfalten und pflegen kann. Wenn die Seelen sich nicht vertrauensvoll einander öffnen, bleibt jede Beziehung oberflächlich, und ich bin lieber allein, als meine Zeit mit seichten Gesprächen zu vergeuden.«

»Ich habe auch keinen wahren Freund«, gestand Palo ihr. »Weder hier im Dorf noch an der Schule in der Stadt. Ich wünsche mir oft einen Menschen, dem ich sagen kann, was ich allen verschweige, weil sie es ohnehin nicht beachten oder verstehen würden – und weil ich Angst davor habe, daß sie mich als Spinner abstempeln.«

»Wie alt bist du?«

»Fast siebzehn.«

»Palo, in deinem Alter geht die Selbsterkenntnis immer mit der berechtigten Furcht Hand in Hand, von anderen abgelehnt und verspottet zu werden. Deshalb versteckt man sein wahres Gesicht hinter einer Maske, um sich zu schützen. Du wirst erleben, daß die Angst, dich so zu zeigen, wie du bist, mit den Jahren nachläßt. Und der Mut, der dich heute schon zu mir geführt hat, wird wachsen, so daß du dich anderen gegenüber öffnen kannst.«

»Wie können Sie das so sicher sagen?«

Maluna zuckte mit den Schultern. »Ich weiß nicht, wie – aber ich weiß, daß ich es kann.«

»Seltsam«, sagte Palo, »ich schaue in Ihre Augen und glaube Ihnen.«

Maluna streckte ihm die Hand entgegen: »Dann laß uns Freunde sein. Du darfst gern Maluna zu mir sagen.«

Palo ergriff und drückte ohne Zögern ihre Hand, obwohl er sich nicht hätte träumen lassen, daß die erste Freundin, die er in seinem Leben fand, fast schon so alt war wie seine Großmutter. Nun aber, da es geschehen war, kam es ihm überhaupt nicht seltsam, sondern ganz natürlich vor.

»Ich sehe dir an, daß dich etwas bedrückt, Palo. Ist es vielleicht das Gefühl, wach zu sein, während alle um dich herum schlafen?«

Palo nickte überrascht. »Ja, ich habe oft das Gefühl, manches zu sehen, was die anderen nicht erkennen. Und wenn man es ihnen sagt, wünscht man sich hinterher, daß man den Mund gehalten hätte, weil die befremdeten Blicke weh tun. Und schließlich schweigt man.«

»Bis man das Schweigen nicht mehr ertragen kann und einen Menschen findet, bei dem man es endlich brechen kann«, sagte Maluna.

Palo nickte. »Ich fühle mich zu Hause in meiner eigenen Welt, aber einsam in der Welt der anderen. Ich bin ein guter Schüler, aber der Unterricht langweilt mich, auch wenn ich es nicht zeige. Die Lehrer vermitteln mir trockenes Wissen, aber ich sehne mich nach lebendiger Einsicht. Meine Eltern führen ein Leben, das nur eine Aneinanderreihung von Notwendigkeiten und Gewohnheiten ist. Meine Klassenkameraden vergeuden ihre Zeit mit oberflächlichen Spielen und Vergnügungen. Meine einzigen wahren Freunde sind meine Bücher.«

»Sehe ich aus wie ein Buch, Palo?«

»Entschuldige, Maluna, meine einzigen Freunde waren meine Bücher – bis eben.«

»Bücher können wunderbar reden, Palo, aber leider nicht zuhören.«

Eine Hummel flog laut brummend vorbei und setzte sich auf eine der zahllosen Blumen.

»Die Seelen der Menschen unterscheiden sich so sehr voneinander wie die Körper der Tiere«, sagte Maluna. »Manche sind wie Hummeln, andere wie Maulwürfe. Manche sind wie Vögel, andere wie Raubkatzen. Ich erkenne es immer in ihren Augen.«

»Welches Tier siehst du in meinen Augen, Maluna?«

»Ich habe es gleich bei unserer ersten Begegnung im Dorf entdeckt: Du hast die Seele eines Schmetterlings. Du bist geboren worden, um Schönheit, Freiheit, Leichtigkeit, Poesie in die Welt zu bringen. Du bist ein farbenfroher Gaukler der Lüfte. Deine Bestimmung ist es, ein Künstler zu werden, um mit deinen Werken den Menschen Farben und Lichter zu schenken in dieser oft so grauen, düsteren Welt.«

Palo sah seine Freundin ungläubig an, und einen Moment lang war sie ihm fast unheimlich. Wie konnte sie so gut in ihn hineinsehen und erkennen, was er vor aller Welt versteckt hielt? Wie konnte sie wissen, daß es sein größter und geheimster Traum war, einmal ein Schriftsteller zu werden?

»Und«, fragte Maluna ihren jungen Freund, »welches Tier entdeckst du in meinen Augen?«

Palos Blick legte sich auf ihr faltiges, aber in gewisser Weise jung gebliebenes Gesicht und erforschte ihre blauen Augen. So junge Augen in einem alten Gesicht, dachte er – und plötzlich erkannte er die Gestalt ihrer Seele: »Ich sehe einen Vogel: eine Nachtigall.«

Maluna lächelte überrascht. »Ich bin beeindruckt! Die größte Leidenschaft meines Lebens war schon immer der Gesang. Ich singe so gern wie eine Nachtigall, aber leider nicht so schön. Sonst wäre ich sicherlich Sängerin geworden, nicht Musiklehrerin.«

»Ich schreibe heimlich«, gestand Palo ihr. »Kleine Geschichten, die ich noch niemandem vorgelesen habe. Und manchmal träume ich davon, ein Dichter zu werden. Aber ein Dichter darf man nur sein, nicht werden.«

Maluna winkte ab. »Wer immer das auch gesagt hat – es ist Unsinn! Wie soll man ein Dichter sein, wenn man es nicht vorher werden wollte? Glaubst du, es geschieht von selbst? Du wachst eines schönen Morgens auf und bist ein berühmter Dichter? Nein, so gelingt es nicht. Du mußt es schon wollen, unbedingt wollen. Wenn deine Berufung echt ist, wird sich dein Traum verwirklichen, aber nicht von heute auf morgen, sondern als Ergebnis jahrelanger, unbewußter Vorbereitungen und Anstrengungen, mit denen du schon begonnen hast.«

»Ich habe einige meiner kleinen Geschichten mitgebracht. Sie sind in meiner Umhängetasche.«

Maluna schmunzelte. »Das habe ich mir fast gedacht.«

»Kannst du in die Zukunft sehen?«

»Ich kann sie manchmal vorausfühlen.«

Palo wunderte sich über sich selbst, als er sich bückte und seinen größten Schatz aus der Tasche zog: Die immer sorgfältig versteckte Kladde, in die er seine Erlebnisse, Einsichten und Phantasien, in kleine Erzählungen gekleidet, zu Papier gebracht hatte.

»Magst du mir eine deiner Geschichten vorlesen?« hörte er Maluna fragen.

Ohne Zögern schlug er das Schreibheft auf und las Maluna nach kurzem Blättern eine kleine Erzählung über die Hoffnung und den Zweifel vor.

Nachdem Palo seine kleine Lesung beendet hatte, schwieg Maluna lange, bevor sie sagte: »Das ist eine schöne und kluge Geschichte, die mir zeigt, daß du in deinen jungen Jahren schon mehr über das Wesen des Menschen weißt, als andere jemals wissen werden. Und sie beweist mir, daß du über das nötige Talent verfügst, deine Berufung zu verwirklichen. Ich jedenfalls zweifle nicht daran, daß du eines Tages ein berühmter Dichter sein wirst.«

»Ich träume oft davon, aber ich kann nicht daran glauben, daß sich meine Sehnsucht erfüllen wird. Alle sagen, das Schreiben sei eine brotlose Kunst. Ich habe gelesen, daß nur sehr wenige Schriftsteller von ihren Büchern leben können.«

»Du wirst einer dieser wenigen sein«, prophezeite Maluna.

Palo schüttelte unwillkürlich den Kopf. »Ich fürchte, daß ich als Lehrer enden werde, der mit seinen Schülern über Bücher spricht, anstatt sie zu schreiben. Dir ist es doch auch nicht gelungen, Sängerin zu werden.«

»Ich habe es auch gar nicht versucht, weil mir bewußt war, daß meine Begabung nicht ausreichte. Aber wenn man einen Traum hat und dazu über das erforderliche Talent verfügt, muß man ihn verwirklichen – sonst wird man unglücklich und krank.«

Maluna seufzte. »In der Stadt, aus der ich komme, lebte ein Mann in meiner Nachbarschaft, der wunderschöne Bilder malte und davon träumte, als Maler zu leben. Aber er hatte Angst davor, nicht genug Geld mit seinen Bildern zu verdienen, und so ergriff er einen Beruf, der seine Taschen füllte, aber seine Seele leerte. Mit den Jahren wurde er immer trübsinniger und bekam schließlich eine unheilbare Krankheit, an der er leidvoll starb. Die Angst davor, unseren Träumen zu folgen, ist eine unserer gefährlichsten Feindinnen. Sie kann uns alles Leben aus der Seele und dem Körper saugen. Hüte dich vor ihr, Palo. Hab Angst vor dieser Angst!«

Palo sah Maluna lange in die Augen und fühlte immer deutlicher, daß sie die Wahrheit sagte. Sie war der erste Mensch, dem er seine tiefste Sehnsucht offenbart hatte, und der sie nicht nur verstand, sondern sogar noch unterstützte. Er fand keine Worte, seine Gefühle auszudrücken. Daß Maluna seinen Mut, sich ihr zu öffnen, auf so wunderbare Weise belohnte, überwältigte ihn. Sprachlos saß Palo da.

»Die Menschen sind alle so schrecklich vernünftig«, sagte Maluna. »Sie betrachten das Leben mit den Augen des Verstandes, anstatt mit denen des Herzens.«

»Mein Vater hat öfter zu mir gesagt, ich sei unvernünftig.«

»Das sagen alle Menschen, die ihre Träume im Stich gelassen haben, zu denen, die ihnen treu bleiben wollen. Da sie selbst keine Sehnsüchte mehr haben, wollen sie den anderen ihre Träume nehmen. So sind viele Leute, sie wollen die anderen so haben, wie sie selbst sind. Deshalb gib gut auf deine Träume acht, sonst fliegen sie davon – und mit ihnen deine Flügel, Schmetterling. Steh zu dem tiefen Wunsch, Palo, den ich in deinen Augen sehe. Du willst durch dein Leben nicht gehen, du willst fliegen. Ich weiß, daß du es kannst!«

Palo fühlte, wie gut ihm Malunas Worte taten, wie sie ihm Kraft und Zuversicht einhauchten. Sie glaubte an ihn, an das Beste in ihm: sein wahres Wesen, das er bislang vor allen Menschen verborgen hatte. Aber jetzt war er nicht mehr allein mit seinen Hoffnungen und Zweifeln. Ein warmes Gefühl der Erleichterung und Dankbarkeit erfüllte sein Herz.

»Weißt du, Palo, die meisten Menschen sind feige. Sie lassen sich von ihren Ängsten durchs Leben führen, anstatt von ihren Träumen. Doch unsere Sehnsüchte und Hoffnungen wollen ernst und wichtig genommen werden. Wer sie verdrängt, unterdrückt das Beste in sich und wird ein hohler Mensch. Wer seinen Träumen folgt, braucht Mut. Ich spüre, daß du ihn hast, er strahlt aus deiner Seele.«

»Sag Maluna, hast du auch einen Traum?«

Sie lächelte. »Oh ja. Ich hatte schon immer mehr Träume, als die Welt zerstören konnte. Als ich vor einem Jahr die Stadt verließ, in der ich lange als Lehrerin gearbeitet hatte, bin ich mit einem Traum in dieses Dorf gezogen, der heute in Erfüllung gegangen ist: Ich habe einen Freund gefunden.«

Ohne daß er sich dagegen wehren konnte und ohne daß er sich dafür schämte, kamen Palo die Tränen.

Er und Maluna standen im selben Augenblick auf und umarmten sich.

Als Palo ging, fühlte er sich so beschwingt und beschenkt wie noch nie zuvor in seinem Leben.

Von diesem Tag an besuchte er Maluna, wann immer er Zeit dazu fand. Meistens saß er mit ihr im Blumengarten und sprach offen und vertrauensvoll über alles, was er bislang niemandem anzuvertrauen gewagt hatte. Er offenbarte Maluna seine geheimsten Gedanken und tiefsten Gefühle, er öffnete ihr seine Seele und zeigte sich so, wie er wirklich war. Maluna gefiel alles, was sie sah. Sie gab ihm Mut und Vertrauen ins Leben, wenn Zweifel ihn bedrängten. Sie stärkte seinen Glauben an sich selbst, an seine Fähigkeiten und seine Zukunft, wenn Ängste ihn bedrückten.

»Du hast begonnen, der Stimme deiner Seele zu folgen«, sagte sie ihm ein halbes Jahr nach seinem ersten Besuch, als Palo ihr seine neueste Erzählung vorgelesen hatte. Aus ihrer Sicht war es seine bislang beste. »Viele Menschen werden deine Bücher lesen, in denen deine schöne Seele zu ihnen spricht, und sich berührt und reich beschenkt fühlen. Ich bin stolz, deine Freundin zu sein.«

»Ich bin stolz, dein Freund zu sein«, bekannte Palo, »und ich fürchte mich davor, dich verlassen zu müssen, wenn mein Studium im Herbst beginnt. Ich werde dich sehr vermissen.«

»Du brauchst keine Angst zu haben, Palo. Aus den Augen heißt bei uns beiden nicht aus dem Sinn. Du wirst immer in meinem Herzen sein, auch wenn du örtlich weit von mir entfernt bist.«

»Du auch«, sagte Palo.

»Schau nicht so traurig! Du mußt in die Welt hinaus, du bist aus diesem kleinen Dorf herausgewachsen. Du brauchst Erfahrungen, Eindrücke, Inspiration. Das Studentenleben wird dir all dies bieten. Wir werden uns Briefe schreiben, ich freue mich schon darauf. Und jetzt laß uns nicht mehr von Abschied reden, noch bist du hier. Laß uns die Gegenwart genießen!«

Nach seinem Schulabschluß zog Palo in eine sehr weit entfernte Universitätsstadt und studierte Literatur, aber vor allem das Leben und die Liebe. Der Abschied von seiner Familie und seinem Heimatdorf war ihm nicht schwergefallen, doch die Trennung von Maluna hinterließ eine Traurigkeit in ihm, die noch monatelang einen Schatten auf sein Gemüt warf.

Jede Woche schrieb er ihr einen Brief, jede Woche erhielt er eine Antwort von ihr. Allein der Gedanke, daß Maluna lebte, gab ihm Kraft und Zuversicht.

Schon während seines Studiums erschien sein erstes Buch mit gefühlvollen, feinsinnigen Erzählungen. Ein bekannter Kritiker bezeichnete es als vielversprechend.

Nach der Beendigung seines Studiums widmete sich Palo mit ganzer Kraft dem Schreiben, ließ sich in den Bann der Schaffensfreude ziehen. Er lebte so sparsam wie möglich von dem Vorschuß, den ihm ein Verleger, der an ihn glaubte, gezahlt hatte.

Mehr und mehr fühlte er sich im Reich der Wörter heimisch, immer besser gelang ihm der Sprung vom ungeformten Gedanken zum vollkommenen Ausdruck. Immer tiefer senkte sich sein Blick in die Natur des Lebens, das ein Füllhorn von Geschichten bereithielt. Geschichten, die nur darauf warteten, aus der Seele des Dichters in die Sprache zu fließen – und von dort in die Seele des Lesers, um sie zu beschenken, zu inspirieren, vielleicht auch zu erwecken aus dem Schlaf des Alltäglichen.

Palo aß und trank nicht, wenn er schrieb, er vergaß die Welt um sich herum, während er mit der Aneinanderreihung von Buchstaben neue Welten erschuf.

Malunas Worte, daß er zum Schreiben berufen sei, kamen ihm immer wieder in den Sinn. Ohne ihre Hilfe hätte er vielleicht nie gelernt, an sich zu glauben.

Ein Schriftsteller, der seine Leser verzaubern wollte, mußte von Zuversicht erfüllt, von Leidenschaft getragen und von der Sehnsucht inspiriert sein, das Unsagbare fühlbar zu machen. Ihm mußte das, was zwischen seinen Zeilen stand, mehr bedeuten als das, was in ihnen stand. Denn wichtiger als alles, was Worte sagten, war das, was sie unsichtbar mit sich führten, was sie den Augen verbargen, aber der Seele offenbarten. Er mußte fühlen, was er schrieb – und schreiben, was er fühlte.

Manchmal war es Palo beim Schreiben so, als stände er kurz davor, einen Vorhang zurückzuziehen, hinter dem ihn ein Anblick erwartete, der das Leben in seiner ganzen Rätselhaftigkeit mit einem Schlag erhellen würde. Vielleicht war diese Sehnsucht nach vollkommener Einsicht die stärkste Triebfeder seines selbstvergessenen Schaffens.

Sein erster Roman, den er im Alter von sechsundzwanzig Jahren veröffentlichte, wurde ein außergewöhnlicher Erfolg und machte Palo über Nacht zu einem gefeierten Schriftsteller, dem von allen Seiten eine große Zukunft vorausgesagt wurde.

In der Zeit seines leidenschaftlichen Lebens und Schaffens waren Palos Erinnerungen an seine innerlich einsame Jugend verblaßt – bis auf die Gespräche mit Maluna. Sie allein behielten ihre Klarheit und Farbe.

Die beiden Freunde schrieben sich nach wie vor regelmäßig lange Briefe. Vor zwei Jahren hatte er Maluna zum letzten Mal besucht. Schon mehrmals hatte er sich seitdem vorgenommen, sie wiederzusehen, aber immer hielt ihn etwas davon ab, denn seine Schreibleidenschaft und sein Erfolg hatten ihn zu einem vielbeschäftigten Mann gemacht.

In den letzten drei Wochen hatte er keinen Brief von Maluna erhalten, die ihm sonst jede Woche einmal geschrieben hatte. Was mochte der Grund dafür sein, daß sie es nicht mehr tat? Diese Ungewißheit beunruhigte ihn von Tag zu Tag mehr. Vielleicht folgte er deshalb endlich seinem langgehegten Herzenswunsch, Maluna wieder in die Arme zu schließen und mit ihr wie damals im Garten zu sitzen, mit ihr zu reden, ihre Nähe zu spüren und ihr für alles zu danken, was sie ihm geschenkt hatte.

Als er mit den letzten Vorbereitungen für die lange Reise in sein Heimatdorf beschäftigt war, klopfte ein Bote an seiner Tür und brachte ihm Post von einem Notar. In dem Umschlag fand er einen Brief, auf dem sein Name stand – geschrieben von der Hand, die ihn in der Wüste seiner Jugend zu einer Oase geführt hatte. Er öffnete das Kuvert mit zitternden Händen und las:

»*Mein lieber Schmetterling – wie sehr ich mich freue, daß Du so schön und so hoch fliegst!*

Wenn Du diese Zeilen liest, hat Deine Nachtigall ihr letztes Lied auf dieser Welt gesungen. Die Freundschaft mit Dir war die Sonne meiner letzten Jahre, und ich danke Dir von ganzem Herzen für alles, was Du mir mit Deiner bloßen Gegenwart immer aufs neue geschenkt hast.

Ich weiß schon seit geraumer Zeit, daß meine Tage gezählt sind, die Ärzte haben keinen Zweifel daran gelassen. Verzeih mir bitte, daß ich es nicht übers Herz gebracht habe, Dir von meiner Krankheit zu schreiben. Ich wollte, daß Du mich so in Erinnerung behältst, wie Du mich bei Deinem letzten Besuch erlebt hast.

Ich vererbe Dir mein kleines Haus. So hast Du immer eine schöne Zuflucht, wenn Du Ruhe und Abgeschiedenheit suchst.

Mein lieber Palo, wenn Du dies liest, habe ich mich auf die Reise ins Unbekannte begeben. Meine Seele wird immer Deine Freundin sein.

In Liebe – Deine Maluna.«

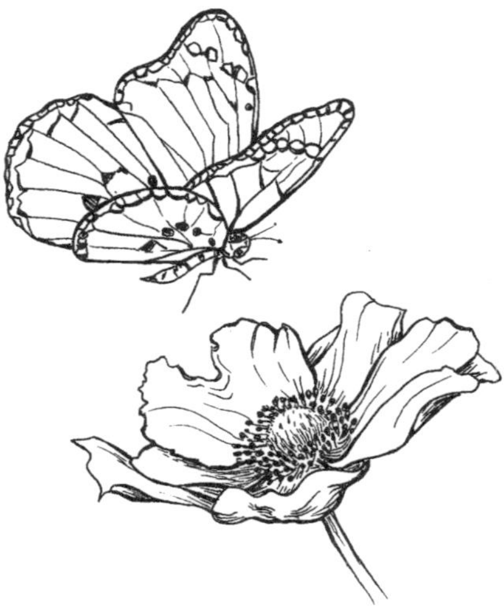

Eine nicht gesuchte Freundschaft

Ein älterer und ein jüngerer Mann begegneten sich in einem Wald und grüßten einander.

»Warum bist du hier?« fragte der jüngere.

»Weil ich den Wald liebe. Und auch deshalb, weil ich hier keinem Menschen begegne. Normalerweise.«

»Aus dem gleichen Grund bin ich auch hier«, sagte der ältere und lächelte.

Ihre Blicke trafen sich. Plötzlich lachten beide laut auf, ohne daß sie hätten sagen können, warum. Dieses unvermittelte Lachen war der Beginn ihrer Freundschaft.

Jahre später sagte der jüngere: »Als ich damals in jenem Wald spazieren ging, hätte ich mit allem gerechnet – nur nicht damit, dort einen guten Freund zu finden.«

»Mir ging es genauso. Ich glaube, gerade das war der Grund dafür, daß wir uns gefunden haben.«

Drei Mütter und ihre Söhne

Drei Mütter saßen an einem Tisch eines Straßencafés und tranken Tee, während ihre drei Söhne an einem anderen Tisch Eis aßen.

»Mein Sohn ist der Intelligenteste in seiner Klasse«, stellte die erste Mutter fest. »Er hat den besten Notendurchschnitt. Ich bin sehr stolz auf ihn! Er wird sicher einmal ein großer und bekannter Wissenschaftler!«

»Mein Sohn ist mit Abstand der Beste im Sport«, betonte die zweite Mutter. »Am allerbesten spielt er Tennis. Er schlägt schon jetzt Gegner, die doppelt so alt sind wie er. Später einmal wird er ein berühmter Tennisprofi und sehr viel Geld verdienen!«

Die dritte Mutter sagte nichts.

Als die erste sie fragte, warum sie nichts über ihren Sohn erzähle, antwortete sie: »Nun ja, was soll ich über ihn sagen? Er tut sich durch nichts hervor.«

Die anderen beiden Mütter lächelten, und in ihrem Lächeln lag eine gewisse Überheblichkeit.

Ein gebrechlicher alter Mann mit einem Gehstock ging langsam und mühselig an dem Straßencafé vorbei, stolperte plötzlich über eine unebene Steinplatte und fiel auf den Rasen eines Vorgartens.

Bevor einer der Besucher des Straßencafés darauf reagieren konnte, eilte der Junge, über den seine Mutter gesagt hatte, er würde sich durch nichts hervortun, auf den alten Mann zu und half ihm wieder auf die Beine.

»Ach ja«, sagte seine Mutter und lächelte nun ihrerseits, aber ohne Überheblichkeit. »Das hätte ich über ihn sagen sollen: Er hat das Herz am rechten Fleck!«

Die Friedensverhandlung

In einem Land war ein Religionskrieg ausgebrochen. Die eine Hälfte der Bevölkerung glaubte an einen Gott, die andere Hälfte glaubte an einen anderen Gott. Und beide Gruppen glaubten fest, daß ihre Religion die allein selig machende und ihr Gott der allein wahre seien.

Obwohl es immer wieder schlimme Zwischenfälle gegeben hatte, war es lange Zeit gut gegangen. Doch vor einem Jahr waren schreckliche Dinge geschehen, die nach Vergeltung riefen, was zu erneuten Ausbrüchen von Rache und schließlich zu einem religiös begründeten Bürgerkrieg führte. Alle Schlichtungsversuche scheiterten, zumal beide Parteien sich sicher waren, den Krieg zu gewinnen, da sie den wahren Gott auf ihrer Seite wußten.

Tage, Wochen, Monate, in denen viele Schlachten geschlagen wurden, vergingen. Unzählige Menschen starben, unsägliches Leid und Elend suchten dieses Land heim, dessen Boden täglich von mehr Blut getränkt wurde. Immer jünger wurden die Männer, die in den Krieg zogen, immer weiter breiteten sich Hungersnöte und Seuchen aus, immer größer wurden die Not und die Verzweiflung, in die der Konflikt die Menschen gestürzt hatte.

Als die Zahl derer, die im Krieg ihr Leben verloren hatten, größer war als die Zahl der noch Lebenden, trafen sich zwei Abgesandte der beiden kriegsführenden Parteien zu einer Friedensverhandlung, die jedoch an gegenseitiger Unbeugsamkeit scheiterte. Genau wie ein zweites, drittes und viertes Treffen.

Zu dem fünften Treffen schickte die eine Partei einen jungen Mann, der wie durch ein Wunder noch am Leben war, da fast alle jungen Männer des Landes auf den Schlachtfeldern umgekommen waren. Die andere Partei schickte einen alten, erfahrenen Mann in die Verhandlungen.

»Warum schickt der Feind mir einen so jungen Mann, der noch grün hinter den Ohren ist?« fragte der erfahrene Unterhändler mit sichtlicher Empörung.

»Weil der Mann, der bislang die Friedensverhandlungen geführt hatte, vor einigen Tagen gestorben ist. Er war mein Vater. Meine Glaubensgemeinschaft hat mich dazu auserwählt, die Verhandlungen fortzuführen. Ich bin gekommen, um dich und die Deinen zu bitten: Laßt uns endlich Frieden schließen!«

Der erfahrene Unterhändler, der sich in seiner Ehre gekränkt fühlte, weil der Feind ihm einen Verhandlungspartner geschickt hatte, der gerade der Jugend entwachsen war, ereiferte sich in seinem Zorn: »Warum soll ich ausgerechnet Frieden mit einem Jüngling schließen, der vom Leben so viel versteht wie ein Säugling vom Sprechen?«

»Damit nicht noch mehr Menschen sterben müssen!«

»Wenn Gott es so will«, erwiderte der alte Mann, »dann müssen eben noch mehr Menschen sterben.«

»Und wenn Gott es nicht so will?« lautete die Gegenfrage.

Der Alte schüttelte mißbilligend den Kopf. »Er will es so. Sonst hätte er es nicht geschehen lassen.«

»*Wir* haben es geschehen lassen«, stellte der junge Unterhändler fest. »Und wir haben uns gegenseitig getötet. Nicht Gott. Und wenn wir Frieden schließen, dann sind wir es, die das tun.«

»Du redest wie ein Ungläubiger!« rief der alte Mann verächtlich und schlug zornig mit der Faust auf den Tisch.

»Ich bin kein Ungläubiger. Ich habe nur einen anderen Glauben als du.«

Ja, und dein Glaube ist falsch, du dummer Junge, hätte der alte Mann fast gesagt. Aber die Seinen hatten ihn in diese Verhandlung geschickt, um endlich Frieden mit dem Feind zu schließen. »Und ich habe einen anderen Glauben als du«, sagte er stattdessen.

»Weil mein Glauben anders ist als deiner und deiner anders ist als meiner«, entgegnete der junge Unterhändler, »führen wir seit einem Jahr einen Krieg, dessen Greuel unsagbar sind. Bitte, laß uns heute Frieden schließen, jetzt und für alle Zeiten!«

Nach einem langen Schweigen erwiderte der alte Mann: »Ein Frieden zwischen uns ist auch in meinem Sinn. Aber möglich ist er nur unter einer Bedingung: daß deine Gemeinschaft meinen Glauben annimmt. Denn nur wenn wir alle denselben Glauben haben, kann es dauerhaft Frieden zwischen uns geben.«

»Warum nimmt deine Gemeinschaft dann nicht unseren Glauben an?«

»Weil euer Glauben nicht der wahre ist und euer Gott nicht der wirkliche Gott!« rief der Ältere und schlug erneut auf den Tisch.

»Das gleiche könnte ich von eurem Glauben und eurem Gott behaupten. Und genau aus diesem Grund sind wir in diesen furchtbaren Krieg geraten. Weil wir den Glauben des anderen nicht achten und unseren eigenen für den besseren, für den einzig wahren und richtigen halten.«

»So ist es doch auch!« sagte der alte Mann.

»So muß es aber nicht bleiben«, erwiderte der Jüngere. »Wir können es ändern.«

»Und wie?«

»Indem wir vereinbaren, daß dein und mein Glaube gleichwertig sind. Daß keiner niedriger oder höher als der andere ist, daß keiner schlechter oder besser ist. Wir Menschen sind so verschieden, und so sind auch die Arten unseres Glaubens verschieden. Wenn wir uns darauf einigen, daß dein Gott nicht schlechter ist als meiner und daß mein Glaube nicht weniger wert ist als deiner, wenn wir dies aus ganzem Herzen sagen und fühlen: Dann wird endlich Frieden sein.«

Der alte Unterhändler wirkte unentschlossen.

»Die einzige andere Möglichkeit, einen Frieden herzustellen«, fuhr der junge Mann fort, »ist, daß wir beide unseren Glauben aufgeben, denn er hat uns in namenloses Elend geführt und wird uns alle zugrunde richten, wenn wir uns nicht ändern. Ich sehe nur diese beiden Wege zum Frieden.«

Der alte Abgesandte dachte lange nach und verkündete schließlich: »Dein erster Vorschlag erscheint mir als der bessere Weg. Laß uns einen Vertrag unterzeichnen, in dem wir uns verpflichten, den Glauben des anderen genauso zu achten wie unseren eigenen und den Gott des anderen als genauso wahr und wirklich anzuerkennen wie unseren eigenen. Es ist genug Blut geflossen. Vielleicht hat Gott uns durch all dieses Elend geführt, damit wir erkennen, daß wir den Glauben des anderen genauso achten müssen wie unseren eigenen. Vielleicht führt nur der Weg durch die tiefste Verzweiflung zur Vernunft.«

Die beiden Männer sahen sich in die Augen, gaben sich die Hand, ließen den Friedensvertrag aufsetzen und unterschrieben ihn.

Seit diesem Tag herrschte Frieden im ganzen Land.

Das ist sie!

Seine Mutter hatte ihm vor neun Jahren das Haus vererbt. Als er die Siebzig überschritten hatte, wurde ihm bewußt, daß es zu groß für ihn geworden war. Er beschloß spontan, die Einliegerwohnung zu vermieten, die er seit Jahren kaum noch betrat. Früher hatten die Gäste seiner Mutter und später sein bester Freund, der nicht mehr lebte, bei ihren Besuchen dort übernachtet. Jetzt nützte sie niemandem mehr. Er bot die Wohnung mit einem Inserat zur Vermietung an.

Der erste Interessent, der ihn während seines Frühstücks anrief, war eine Frau. Weil sie eine angenehme Stimme hatte und eine ruhige Person zu sein schien, vereinbarte er spontan einen kurzfristigen Besichtigungstermin mit ihr.

Eine Stunde später stand sie vor seiner Tür. Sofort fielen ihm ihre Augen auf. Die Iris von einem so noch nie gesehenen, strahlenden und klaren Blau, das Weiße ganz rein. Ihr Blick hatte eine scheue, freundliche Arglosigkeit, die ihn berührte. Und auch das sah er in ihren Augen: eine Güte, eine Sanftmut, der er ohne Zögern sein Vertrauen schenken würde, wenn er es nicht schon getan hatte. Er mußte sich zwingen, ihr nicht länger in die Augen zu schauen, als die Situation es rechtfertigte.

Er führte die Frau durch die Einliegerwohnung und setzte sich anschließend mit ihr auf die Terrasse. Bei dem Gespräch mit ihr stellte er fest, daß sie sensibel und kultiviert war und ein bezauberndes, unaufdringliches Lächeln hatte. Ihm gefiel der Klang ihrer leisen Stimme. Im Grunde gefiel ihm alles an ihr.

Das Telephon klingelte mehrmals im Wohnzimmer, sicherlich weitere Interessenten, aber er ignorierte es. Die Wohnung hatte der Frau zugesagt, das hatte er ihr angesehen, aber mehr noch gefiel ihr der weitläufige Garten, in dem neben anderen Bäumen eine weit ausladende Trauerweide stand, die den Blick der Frau immer aufs neue anzog.

»So einen prächtigen Baum habe ich lange nicht gesehen!« sagte sie schließlich mit unverkennbarer Bewunderung.

»Sie mögen Bäume?«

»Ich liebe Bäume. Diese Trauerweide wirkt nicht traurig, sondern wie eine Verkörperung der Lebensfreude, des Friedens, der Schönheit. Sie ist die Königin des Gartens. Es muß ein sehr schönes Gefühl sein, unter ihrem Blätterdach zu liegen.«

»Ja, sie ist eine Augenweide. Sie können den Garten nutzen und benutzen, wann und wie es Ihnen gefällt. Wenn Sie Blumen pflanzen oder ein Gemüsebeet anlegen wollen, finden wir entsprechende Bereiche dafür. Ich liebe die Ruhe hier, deshalb würde ich Sie bitten, mit Zimmerlautstärke fernzusehen, Radio oder Musik zu hören, die Nachtruhe einzuhalten und nach Möglichkeit keine Partys zu geben. Wäre das in Ordnung für Sie?«

Sie nickte. »Ich schätze die Ruhe, so wie Sie. Partys interessieren mich schon seit langem nicht mehr, weder als Gast noch als Gastgeberin.«

Eine Viertelstunde später, in der er das Telephonklingeln weiterhin ignorierte, unterzeichneten sie den Mietvertrag, wobei er die Miete, die er eigentlich verlangen wollte, impulsiv ein gutes Stück reduzierte.

Am Monatsende zog sie ein.

Eine Woche nach ihrem Einzug lud sie ihn zum Abendessen ein. Sie hatte sich Mühe mit der Zubereitung des Essens und dem Decken des Tisches gegeben, den Blumen schmückten und auf dem Kerzen brannten. Das Essen, bei dem sie nicht viele Worte wechselten, schmeckte ihm sehr gut, wie auch der Wein.

»Heute bin ich vierzig geworden«, sagte sie unvermittelt.

»Wirklich? Meinen herzlichen Glückwunsch! Hätte ich das gewußt, hätte ich ein Geschenk für Sie besorgt.«

Sie hob abwehrend die Hände. »Mehr als meinen Geburtstag feiere ich eigentlich den Neubeginn meines Lebens.«

»Den Neubeginn?«

»Ja. Die Brücke zu meiner Vergangenheit ist in sich zusammengestürzt, sie erwies sich als eine Fehlkonstruktion. Sie wirkte so solide, als könnte sie ein Leben lang halten, aber dann waren es nur fünf Jahre. Das hatte mich ziemlich aus der Bahn geworfen. Es gab schwierige Phasen voller Traurigkeit und Selbstzweifel. Vor etwa drei Monaten, als ich einen langen Waldspaziergang machte, rückte etwas in meiner Seele wieder an seinen richtigen Platz. Seitdem geht es mir gut. Viel besser, als ich es für möglich gehalten hatte. Ich habe mit dieser Zeit meines Lebens endgültig abgeschlossen und meinen inneren Frieden zurückgewonnen. Ich habe meine Wohnung gekündigt, in der ich mit meinem Ex-Freund zusammenlebte, weil mich dort alles an meine Vergangenheit erinnerte. Ich will in der Gegenwart und für die Zukunft leben.«

Als er ihr in die Augen sah, bekam er ein seltsames, warmes Gefühl, das er nicht einordnen konnte. »So gut habe ich lange nicht gegessen«, stellte er fest. »Sie kochen hervorragend. Ich bin eher ein durchschnittlicher Koch, und das ist noch milde ausgedrückt. Es macht auch nicht so viel Spaß, für sich allein zu kochen. Öfter lasse ich mir das Essen an die Haustür liefern.«

»Sie leben also allein in diesem großen Haus.«

»Ja. Seit dem Tod meiner Mutter vor neun Jahren. Ich habe nie geheiratet, es hat sich nie ergeben.«

»Nein? Aber wieso nicht?«

»Wieso nicht? Es gab in meinem Leben einige Frauen, mit denen ich tiefere Beziehungen hatte. Ich habe diese Frauen geliebt, jede auf eine andere Weise, habe bei jeder auf eine Zukunft gehofft, aber diese Zukunft dauerte immer nur einige Jahre. In meinem Leben sind mehrere Brücken eingestürzt.«

»Das ist schade«, sagte sie leise.

»Ja, das ist es wohl. Andererseits haben diese Beziehungen mir viel Gutes geschenkt, für das ich dankbar bin. Als junger Mann habe ich mich nach einer großen, schicksalhaften Liebe gesehnt, einer ohne Fragezeichen, die den Kampf gegen die Zeit mit einem Lächeln annimmt und besteht. Aber früher oder später stellte sich immer wieder heraus, daß etwas Wesentliches zwischen der Frau und mir fehlte oder nicht zusammenpaßte. Es kam zu Verletzungen und Enttäuschungen, die letztlich zu Trennungen führten. Irgendwann gab ich die Suche endgültig auf und fand mich mit ihrem Scheitern ab. Vielleicht bin ich nicht der Richtigen begegnet. Vielleicht bin ich auch einfach für das Alleinsein geschaffen. Ich habe meine Bücher, meine Musik, meine Filmsammlung, das Haus, den Garten. Ich spiele jeden Tag Klavier und Gitarre, das gibt mir viel. Ich genieße die Freiheit, jeden Tag so zu leben, wie es mir gefällt. Gleich um die Ecke ist ein wunderschöner großer Park mit vielen Baumriesen, eine Wohltat für die Seele, dort gehe ich jeden Tag spazieren. Ich telephoniere gelegentlich mit alten Bekannten, aber im Grunde bin ich allein. Vielleicht war ich das in gewisser Weise schon immer.« Er wunderte sich, daß er so offen zu einer Fremden sprach, das war gar nicht seine Art.

»Sagt man nicht, kein Mensch sei eine Insel?«

»Der eine sagt das, der andere das Gegenteil, und irgendwo haben wohl beide recht. Es ist eine Frage der

Perspektive. Einerseits ist der Mensch ein soziales Wesen, andererseits ist er ein Individuum, eine Welt für sich. Ich glaube, nur wahre Liebe kann diese Welten verbinden, aber wahre Liebe ist selten. Ich bin gern allein, das war ich schon als Kind. Aber eigentlich bin ich nie wirklich allein, ich bin ja ständig in meiner eigenen Gesellschaft, und mit der komme ich gut aus.«

»Fühlen Sie sich denn nie einsam?«

»Als junger Mann habe ich manchmal unter dem Gefühl der Einsamkeit gelitten. Ich habe mich damals gefragt, was Einsamkeit ist, und bin zu der Einsicht gekommen, daß Einsamkeit im Grunde nur negativ empfundenes Alleinsein ist.«

»Haben Sie sich als junger Mann gefragt, welchen Sinn Ihr Leben hat?«

»Ja, ziemlich oft sogar. Ich habe verschiedene Antworten auf diese Frage gefunden, aber keine hat mich völlig überzeugt. Am meisten noch die, daß mein Leben sein eigener Sinn ist.«

»Als ich jung war«, sagte sie, »habe ich gern gefeiert und getanzt, bin gern gereist und war offen für alles, was sich gut anfühlte. Ich wollte glücklich sein, und manchmal glaubte ich, daß ich es war. Aber im Grunde fehlte immer etwas Entscheidendes, auch wenn ich mir das nicht eingestehen wollte. Dann lernte ich einen Mann kennen, den ich für die Liebe meines Lebens hielt. Die eingestürzte Brücke. Im letzten Jahr verliebte er sich in eine bildhübsche Holländerin und zog bald zu ihr nach Amsterdam. Er wollte trotzdem die Beziehung mit mir weiterleben lassen, schrieb mir Mails, rief mich immer wieder an, aber ich antwortete nicht, ging nicht ans Telephon. Einmal stand er vor meiner Tür und klingelte Sturm, aber ich habe nicht geöffnet. Ich hatte kein Vertrauen mehr in ihn, er hatte mich zu sehr enttäuscht und verletzt. Die Zeit heilt wohl nicht alle Wunden, aber diese hat sie geheilt. Nicht zuletzt, weil ich eine gute Helferin hatte.«

»Eine Freundin?«

Sie lächelte. »Ja, wenn man so will, eine Freundin: die Malerei. Ich habe schon immer gern gemalt. Beim Malen kann ich alles um mich herum vergessen. Mein ganzes Leben beschränkt sich dann auf das Bild, das entstehen will. Und diese Beschränkung hat etwas Befreiendes, Heilsames. Trinken wir noch ein Glas Wein?«

Er nickte. Nachdem sie die Gläser gefüllt hatte, sagte er: »Ich würde Ihre Bilder sehr gern sehen.«

»Die allermeisten gehören mir nicht mehr. Meine Galeristin hat sie verkauft.«

Als er ihr in die Augen sah, spürte er ein sanftes Ziehen in der Brust, das ihm unbekannt war. »Sie haben mich gefragt, ob ich als junger Mann nach dem Sinn meines Lebens gesucht habe.« Er wunderte sich über den Klang seiner Stimme. Sie war sanfter als sonst, weicher.

»Ja. Wieso kommen Sie darauf zurück?«

»Weil sich, so seltsam das klingen mag, mit den Jahren bei mir die wesentlichen Fragen vermehrt und die

Antworten darauf vermindert haben. Man sagt ja, daß mit dem Älterwerden das Wissen wächst, aber bei mir ist es anscheinend umgekehrt. Bei mir ist das Bewußtsein meiner Unwissenheit gewachsen.«

»Wie meinen Sie das?«

»Als Student wurde mir bewußt, daß die meisten Menschen zu oberflächlich leben, daß sie die Liebe unterschätzen, verkennen oder Angst vor ihr haben, daß sie zuviel denken und zuwenig fühlen. So wollte ich nicht sein und nicht werden. Ich lebte spontan, intuitiv, emotional, im Hier und Jetzt. Ich war fest davon überzeugt, den richtigen Weg zu gehen, trotz der einen oder anderen Bauchlandung. Es war ein intensiver Weg mit extremen Höhen und Tiefen, der mit den Jahren an meinen seelischen Kräften zehrte. Als ich ins mittlere Alter kam, wurde ich nachdenklicher und wohl auch etwas vorsichtiger. Damit büßte ich an Impulsivität und Lebendigkeit ein, denn wer spontan seinen Impulsen und Gefühlen folgt, fühlt sich lebendiger als einer, der vor seinen Handlungen überlegt, welche Konsequenzen sie haben könnten. Er verpaßt oft den richtigen Moment, er zögert zu lange, anstatt die gute Gelegenheit beim Schopf zu ergreifen. Meine Nachdenklichkeit entwickelte sich trotzdem weiter, auf Kosten meiner Intuition und meiner Spontaneität. Schließlich erkannte ich, daß jede Art zu leben ihre Vor- und Nachteile hat, daß ich flexibel sein mußte, mal impulsiv und mal überlegt handeln sollte, ganz von der Situation abhängig. Aber zu erkennen, welche Situation welches Verhalten ratsam machte, erwies sich oft als schwierig. Man zögert vor einer Entscheidung, weil man aus Erfahrung weiß, daß man sich irren kann. Aber manchmal ist gerade das Zögern der Irrtum.« Er führte das Weinglas zu seinem Mund und trank es in einem Zug aus. »Langer Rede kurzer Sinn: Früher wußte ich wenig, aber ich war mir meiner Überzeugungen und Handlungen sicher. Mit den Jahren lernte ich dazu, und je mehr Erfahrungen ich gewann, desto unsicherer wurde ich in meinen Einsichten und Entscheidungen… Entschuldigen Sie bitte, ich habe viel zuviel geredet.«

»Nein, das haben Sie nicht.«

»Doch, doch, der Wein hat mich redselig gemacht. Ich trinke selten Alkohol.«

»Darf ich uns trotzdem die Gläser noch einmal füllen?«

Er lachte. »Ja, gern, dieser Wein ist zu köstlich, um etwas davon stehen zu lassen.«

Sie goß ihnen den Rest des Flascheninhalts zu gleichen Teilen ein. Das Gespräch stockte eine Weile, bis sie sagte: »Es ist schon ein seltsames Gefühl, vierzig zu werden, denn nach der Vierzig kommt die Fünfzig. Und dann die Sechzig. Und so weiter. Darf ich Sie fragen, wie Sie mit dem Älterwerden umgehen?«

»Wie mit allem Unvermeidlichen. Ich akzeptiere es und versuche, das Beste daraus zu machen, so banal das klingen mag. Der Körper verändert sich, nicht unbedingt zu seinem Vorteil. Die Gefühle werden milder, ihre Ausschläge nach oben und unten geraten kleiner und verlieren an Intensität. Zumindest bei mir. Ich falle nicht mehr so tief, aber steige auch nicht mehr so hoch. Aber seltsam – etwas in mir ist jung geblieben, als hätte die Zeit ihm nichts anhaben können.«

»Wie würden Sie dieses Etwas beschreiben?«

»Es ist wie ein Vogel, der auf einem hohen Ast meines Lebensbaumes sitzt und sich mein Altern von oben anschaut, ohne selbst älter zu werden.«

Sie fuhr sich mit einer Fingerspitze langsam über die Lippen, wandte den Kopf zur Seite und blickte nachdenklich aus dem Fenster in den Garten. Er betrachtete ihr Profil, halb verborgen von ihren schulterlangen dunkelblonden Haaren. Sie hatte ein feines und seelenvolles Gesicht, das umso hübscher wurde, je länger man es anschaute. Eine wirkliche Schönheit.

»Sie wollten meine Bilder sehen. Ich habe ein paar unfertige im Schlafzimmer abgestellt, doch eins von ihnen ist so gut wie vollendet. Ich zeige es Ihnen.«

Als sie aufstand, folgte sein Blick ihrem Gang, der genauso weich und leise wie ihre Stimme war. Ich habe Glück, dachte er, sie ist eine ganz besondere Frau, sie gefällt mir sehr, und ich bin sicher, daß wir uns verstehen werden. Wenn ich dreißig Jahre jünger wäre, würde ich mich Hals über Kopf in sie verlieben. Aber jetzt? Ich könnte ihr Vater sein. Aus ihrer Sicht bin ich wohl ein Opa. Aber vielleicht ist die Unmöglichkeit einer Liebe die beste Basis einer Freundschaft zwischen einer Frau und einem Mann? Wie sie manchmal lächelt! Vielleicht mag sie mich? Ach, was reime ich mir da zusammen! Sie ist freundlich, weil ich ihr Vermieter bin und sie ein gutes Verhältnis zu mir haben will, das ist alles. Er nahm sein Glas und trank es halb leer.

Sie kehrte mit einer etwa quadratmetergroßen Leinwand in die Wohnküche zurück und hielt sie erst so, daß er nur die Rückseite sehen konnte. Dann zeigte sie ihm die Vorderseite.

Das Bild berührte ihn auf den ersten Blick. Es stellte einen kahlen Baum in bräunlich-bläulichen Farben dar. Zweige hatte er nicht, er bestand nur aus Stamm und Ästen. Das Gemälde wirkte trotzdem heiter, fast schon fröhlich, denn sein Hintergrund war in zarten, warmen Rottönen gehalten, übersät mit gelblich-orangenen Tupfern, die sich wie eine herbstlich verfärbte Blätterpracht über den Baumstamm und seine Äste legten und dem Gemälde eine unglaubliche Leichtigkeit gaben.

»Wunderschön«, schwärmte er. »Sie haben aus einem eigentlich traurigen Motiv, einem kahlen Baum, etwas Üppiges, Lebendiges, Heiteres geschaffen. Daran erkennt man eine wahre Künstlerin.«

»Woran?«

»Daß sie etwas Wunderbares erschaffen kann.«

»Sie halten mich für eine Künstlerin?«

»So wahr ich hier sitze. Zweifeln Sie etwa daran?«

»Manchmal schon. Ich habe keine besonderen Visionen. Im Grunde lasse ich nur meine Hände tun, was sie tun wollen.«

»Genau das macht eine wahre Künstlerin aus: Absichtslosigkeit.«

Sie lächelte. »Ich habe das Bild in einer melancholischen Stimmung angefangen, aber je länger ich daran malte, desto sonniger wurde meine Laune.«

»Malen Sie gern Bäume?«

»Bäume sind meine Lieblingsmotive. Ab und zu male ich auch Blumen, Sträucher und Tiere.«

»Alles wunderschöne Motive«, sagte er. »Wenn Blumen das Lächeln der Erde sind, dann sind Bäume ihre Umarmung.« Er trank sein Glas leer und stellte es auf den Tisch zurück. »Ich danke Ihnen für diesen schönen Abend, das hervorragende Essen, das gute Gespräch. Und für die Ehre, Ihr Geburtstagsgast gewesen zu sein. Ich habe mich seit langem nicht mehr so gut mit jemandem unterhalten. Aber jetzt wird es Zeit für mich zu gehen. Die Handwerker auf dem Nachbargrundstück haben mir heute meinen Mittagsschlaf zerhämmert, und ich spüre, wie die Müdigkeit kommt.«

»Schade. Ich hätte gern länger mit Ihnen geredet.«

»Ich auch, aber das holen wir bald nach. Und dann sind Sie mein Gast. Ich werde so gut für uns kochen, wie es meine bescheidenen Fähigkeiten zulassen.«

»Spielen Sie mir dann zum Nachtisch etwas auf der Gitarre und auf dem Klavier vor?«

»Gern. Aber erwarten Sie nicht zuviel, ich bin nicht gerade ein Virtuose.«

Als er im Bett lag, konnte er keinen Schlaf finden. Seine Müdigkeit war verflogen. Eindrücke des Abends gingen ihm immer wieder durch den Kopf: Bilder ihres Gesichts, ihrer Blicke, ihres Lächelns. Er hörte den warmen Klang ihrer Stimme, fühlte die feinen Nuancen ihres Schweigens, spürte das Gefühl ihrer warmen Hand beim Abschied.

Ich kenne dich gar nicht, dachte er, und doch habe ich das merkwürdige Gefühl, dich gut zu kennen. Ich glaube sogar, daß ich dich liebe. Das werde ich dir nie gestehen, denn es würde dir die Freiheit nehmen, dich mir gegenüber natürlich und unbefangen zu verhalten. Ich werde dir ein guter Freund sein, auf den du dich immer verlassen kannst, werde meine Liebe gut versteckt halten, um dich nicht in einen Konflikt zu stürzen. Auch wenn ich wohl noch nicht so alt aussehe, wie ich bin: Es wäre eine lächerliche Illusion zu hoffen, eine Frau wie du könnte sich in mich verlieben. Du wirst einen alten Mann wie mich nicht lieben können, mir aber auch nicht weh tun wollen. Vielleicht würdest du irgendwann keinen anderen Ausweg aus diesem Konflikt finden, als dir eine neue Wohnung zu suchen. Das will ich auf keinen Fall. Deshalb werde ich dich heimlich lieben.

Als er nach Mitternacht aufstand und in die Küche ging, um sich ein Glas Milch mit Honig zuzubereiten, sah er, daß in ihrer Küche noch Licht brannte, und ein warmes Gefühl erfüllte ihn. Das ist doch völlig verrückt, dachte er, da warte ich mein ganzes Leben auf die wahre Liebe, und dann kommt sie zu spät. Eigentlich müßte ich traurig darüber sein, aber ich bin es nicht. Ich bin froh, ich fühle mich glücklich.

Plötzlich drang eine Erkenntnis in sein Bewußtsein. Es war, als würde ein Sonnenstrahl einen dunklen Raum erfüllen. Er wußte jetzt, warum alle Liebesgeschichten in seinem Leben mit einer Trennung endeten. Sicher, mit der Zeit hatten sich immer wechselseitige Unverträglichkeiten offenbart, aber das war nicht der Hauptgrund. Seine Liebe war schlichtweg nie stark genug gewesen, um lange andauern zu können. Und weil sie nie stark genug gewesen war, brauchte er viel Liebe von seinen Geliebten, um seine eigene Liebe am Leben zu halten. Und die konnten sie ihm nicht mehr in ausreichendem Maß geben, nachdem der Zauber der Verliebtheit abgeklungen war.

Eine wahre Liebe, erkannte er, gleicht einer Quelle, die keinen Zufluß braucht, um ihr Wasser dem Land zu schenken. Sie fließt und fließt, sie gibt und gibt, weil es ihr Wesen ist, zu fließen und zu geben. Schenken und Beschenktwerden vereinen sich in ihr.

Er konnte nicht sagen, warum er sich so sicher war, zumal er oft genug erlebt hatte, wie unzuverlässig Einsichten sein konnten. Aber diesmal empfand er eine Gewißheit, die mit keiner vergleichbar war, die er jemals gefühlt hatte. Es war, als wäre sein Herz aus einem lebenslangen Schlaf erwacht, um der Frau zu begegnen, von der er immer geträumt hatte. War es nicht eine unglaubliche Ironie des Schicksals, daß der Mensch, nach dem er jahrzehntelang auf der ganzen Welt gesucht hatte, zu ihm, zu seinem Haus gekommen war?

Der Mann lächelte. Ziemlich alt mußte ich werden, dachte er, um die Erfüllung einer Sehnsucht zu erleben, die ich längst als Illusion abgetan hatte. In den Jahren, die noch vor mir liegen, werde ich jeden neuen Tag dankbar genießen. Ich will der Frau, die das Schicksal mir doch noch geschickt hat, meine Liebe schenken. Natürlich wird sie meine Zuneigung spüren. Vielleicht wird sie glauben, daß ich in ihr die Tochter sehe, die ich nie hatte. Ich will die Gärten ihrer Seele mit dem Quellwasser meiner Liebe beschenken und zum Blühen bringen. Ich habe den Sinn meines Lebens gefunden. Sehr spät, aber nicht zu spät.

Wenn er ehrlich zu sich selbst war, hatte er all das schon gewußt, als sie vor seiner Haustür stand und er ihr zum ersten Mal in die Augen sah. Da war etwas mit ihm geschehen, da war es um ihn geschehen, auch wenn er es noch nicht wahrhaben wollte. Weil es einfach so unglaublich war, was seine innere Stimme ihm sagte: Das ist sie!

Die wichtigste Erkenntnis

Ein älterer Mann ließ sich in einem Dorf nieder. Nachdem er ein paar Monate dort gelebt hatte, gab es niemanden mehr, der ihn nicht kannte und schätzte.

Bald nannten ihn alle *Meister*. Und das war wohl auch der treffendste Name, den man ihm geben konnte, da er das Leben auf einmalige Weise meisterte. Mit einer Souveränität, einer Eleganz und Leichtigkeit, die man nur bewundern konnte.

Er war den anderen Bewohnern des Dorfes in so mancher Hinsicht überlegen. Doch niemand verübelte ihm das, weil er seine Überlegenheit nicht ausnutzte oder mit Überheblichkeit versalzte, sondern die Früchte seiner Lebenskunst gern mit anderen Menschen teilte.

»Wer einsam lebt, der lebt nur teilweise. Darum teile weise«, war einer seiner Ratschläge, die er jedem gab, der sich an ihn wandte – mit einer Frage, einer Sorge, einem Problem.

Seine Anwesenheit war für alle Leute ein Segen. Er war die gute Seele des Dorfes geworden. Und alle wünschten ihm ein langes Leben.

Als er vom Dorfarzt, der sein bester Freund geworden war, gefragt wurde: »Wenn du die ganzen Erkenntnisse und Einsichten, die du in deinem Leben gewonnen hast, mit einem Satz ausdrücken müßtest, wie würde dieser lauten?«

»Laß nichts Böses in deinen Gedanken sein«, war die Antwort. »Denn deine Gedanken sind wie Saatkörner, aus denen die Früchte deines Lebens wachsen.«

Gerade deshalb

Zwei fast abgebrannte Kerzenstummel kamen ins Gespräch.

»Es geht zu Ende mit uns«, sagte der eine zum anderen. »Vielleicht haben wir noch zwanzig Minuten, vielleicht auch nur noch zehn. Hast du auch Angst vor dem Erlöschen und der Ungewißheit, was danach kommt?«

»Nein. Warum sollte ich Angst vor dem haben, was unvermeidlich ist? Es würde alles nur schwieriger machen.«

»Du gibst also zu, daß es schwierig ist!«

»Ja, schon! Es ist meistens schwierig, der Ungewißheit ins Gesicht zu schauen. Aber ich will mein Dasein noch genießen, solange es möglich ist.«

»Wie kannst du etwas genießen, das jeden Moment vergehen kann?«

»Gerade deshalb genieße ich es um so mehr.«

Die Stufe der Dankbarkeit

Ein Mann fragte seinen Freund, dessen Lebenskunst ihn immer aufs neue beeindruckte, wie er sie erlangt hatte.

»Stufenweise«, lautete die Antwort. »Mit jeder Stufe kam ich ihr ein Stück näher. Ich weiß nicht, ob dieser Stufenweg jemals enden wird.«

»Lebenskunst ist also ein Weg und kein Ziel?«

»Sie ist beides zugleich.«

»Kannst du mir etwas über die Stufen sagen, die du schon erstiegen hast?«

»Nein, denn dann müßte ich den ganzen Abend, die ganze Nacht, den nächsten Tag und wohl noch länger reden.«

»Dann erzähle mir wenigstens von einer Stufe.«

»Welcher?«

»Einer wichtigen.«

»Gut. Dann erzähle ich dir von der Stufe der Dankbarkeit. Du kennst doch sicherlich diese grauen Tage voller Zwänge, Arbeit und Routine, die man hinter sich bringt, ohne einen einzigen Moment echter Freude.«

»Ja, leider.«

»Ich habe unter solchen Tagen oft gelitten. Wenn ich ins Bett gegangen bin, hatte ich das Gefühl, daß dieser Tag nichts wert gewesen war, daß ich ihm nichts Gutes abgewinnen konnte. Und daß dies vielleicht gar nicht an dem Tag gelegen hatte, sondern an mir.«

»An dir?«

»Ja, an mir. Denn sicherlich gab es ja auch an solchen Tagen Gelegenheiten, mich aufrichtig zu freuen. An den wärmenden Strahlen der Sonne, an den weißen Wolken am Himmel, am Singen der Vögel in den Bäumen. Daß ich genug zu essen und einen warmen Schlafplatz habe. Als ich mir das bewußt machte, ging es mir besser. Und ich konnte halbwegs zufrieden einschlafen.«

»Aber ist das nicht ein sehr kleines und bescheidenes Glück?«

»Nein, nein! Je mehr ich mich auf das Gute konzentrierte, desto besser ging es mir. Zumal die Dankbarkeit wie mit magnetischer Kraft eine Reihe von trostvollen Gedanken herbeizog. Keiner meiner Verwandten oder Freunde war krank oder in Not, allen mir wichtigen Menschen ging es gut. Auch ich selbst war gesund, hatte keine Zahn- oder Kopfschmerzen, keine Grippe, nicht einmal eine Erkältung. Ich war auf dem Weg nach Hause nicht auf einer Bananenschale ausgerutscht, hatte mir keine Schürfwunde oder gar einen Beinbruch zugezogen. Keine Boshaftigkeit hatte mich verletzt, mein manchmal launisches Auto war auf Anhieb angesprungen. Je mehr solcher Gedanken durch meinen Kopf strömten, desto mehr wurde mir bewußt, daß es eigentlich doch kein so übler Tag gewesen war. Und plötzlich stellte ich zu meiner Überraschung fest, daß ich mit einem guten Gefühl der Erleichterung auf den Tag zurückblickte. Er war zwar freudlos, aber nicht unfreundlich zu mir gewesen. Und letztlich ist es doch so: Jeder Tag, an dem nichts Schlimmes passiert, ist ein guter Tag.«

»Na ja«, sagte der Freund des Lebenskünstlers. »Das kann man natürlich so sehen, wenn man es so sehen will.«

»Das muß man sogar so sehen«, wurde er korrigiert. »Es gibt immer etwas Schlimmeres als das, was einem gerade widerfahren ist. Und je mehr man sich vorstellt, was alles hätte passieren können, desto weniger schlimm erscheint einem die Situation, in der man steckt. Laß mich dir eine kleine Geschichte erzählen: Ein Mann schlug sich mit dem Hammer auf den Daumen, als er einen Nagel in die Wand schlagen wollte. Der Schmerz war groß, seine gute Laune war dahin. Er ärgerte sich über sein Ungeschick, er fluchte und knallte den Hammer auf den Boden. Sein Tag war gelaufen. Dachte er. Er verließ seine Wohnung, um in einer Kneipe ein oder zwei oder drei Bier zu trinken. Auf dem Weg dorthin sah er eine hinkende Frau. In der Kneipe, wo er ein Bier bestellte, saß ein Mann an der Theke, dem ein Finger fehlte. Im Fernsehen, das in der Kneipe lief, sah er ein Kind, dem ein Arm fehlte. Auf dem Rückweg zu seiner Wohnung kam er an einem Bettler vorbei, dem beide Beine fehlten. In diesem Moment verstand er, wie lächerlich seine Wut auf sich selbst war, weil er sich mit dem Hammer auf den Daumen geschlagen hatte. Und er empfand Dankbarkeit darüber, daß ihm nur ein kleines Ungeschick ohne bleibende Folgen passiert war. Er schämte sich über seine übertriebene Reaktion, zog einen größeren Geldschein aus seinem Portemonnaie hervor und gab ihn dem Bettler, der ihn überrascht und freudig annahm.«

Eine Weile saßen die beiden Freunde schweigend beieinander, bis der Besucher schließlich sagte: »Offen gesagt, heute war so ein Tag, an dem ich mich über gar nichts gefreut habe. Aber wenn ich wieder zu Hause bin, werde ich versuchen, dankbar dafür zu sein, daß ich nach dem Verlassen deiner Wohnung nicht im Hausflur die Treppe hinuntergefallen bin und mir dabei ein Bein gebrochen habe.«

»Wenn du es so machst, bist du auf dem richtigen Weg«, erwiderte der Lebenskünstler. »Denn die Einsicht, ein großes Unglück vermieden zu haben, schenkt immer ein kleines Glück.«

Die Musik der Seele

Ein junger Pianist kam in die Endausscheidung eines renommierten Klavierwettbewerbs, der schon manchem Nachwuchsmusiker als Sprungbrett in eine internationale Karriere gedient hatte.

»Du bist jetzt unter den sechs besten Teilnehmern«, sagte seine Lehrerin am Abend vor dem entscheidenden öffentlichen Auftritt. »Ich weiß, daß du der beste Pianist von ihnen bist. Technisch mögen zwei, drei von ihnen dir das Wasser reichen können, aber niemand spielt mit so viel Feingefühl und Leidenschaft wie du. Ich habe nun eine wichtige Bitte an dich: Ziehe dich morgen für deinen großen Auftritt dem Anlaß angemessen an!«

»Was meinen Sie damit?«

»Nun, wie sich alle männlichen Kandidaten präsentieren werden: In einem feinen dunklen Anzug, weißem Hemd und dezenter Krawatte oder Fliege und in eleganten schwarzen Schuhen. Ich habe das alles für dich besorgt.«

»Das ist sehr lieb von Ihnen, aber so kann ich nicht auftreten. Ich fühle mich in einem Anzug eingeengt und unwohl, und das würde meinem Spiel schaden. Ich werde auftreten wie immer, in meinen Jeans, Turnschuhen und dem weiten Flanellhemd.«

»Damit wirst du optisch so sehr aus dem Rahmen fallen, daß die Jury verärgert sein wird.«

»Dann soll sie verärgert sein! Es kommt nicht auf meine Kleidung an, sondern auf mein Spiel.«

Die Klavierlehrerin seufzte. »Die Welt der klassischen Musik hat ihre Regeln. Und eine dieser Regeln lautet nun einmal, daß Pianisten einen dunklen Anzug tragen sollen, um nicht nur mit ihrem Talent und Können, sondern auch durch ihr Erscheinungsbild zu glänzen.«

»Ich kann an einem dunklen Anzug nichts Glanzvolles finden.«

Die Lehrerin seufzte erneut. »Wenn du in deiner Alltagskleidung auf die Bühne gehst, wird dies das Urteil der Jury negativ beeinflussen. Sie wird deine Kleidung als eine Provokation empfinden, als einen Verstoß gegen die Regeln. Deine Sturheit wird dich den Preis und damit den Zugang zu einer internationalen Karriere als Konzertpianist kosten.«

Der junge Pianist dachte eine Weile nach und sagte schließlich: »Wenn es so sein wird, dann soll es so sein.«

Seine Lehrerin schüttelte traurig den Kopf und verließ das Hotelzimmer.

Ihre Worte sollten sich bewahrheiten. Obwohl ihr Meisterschüler am nächsten Tag fehlerfrei und mit so viel Gefühl und Hingabe spielte, daß sein Spiel Steine hätte erweichen können, vergab die Jury den ersten Preis an einen anderen Teilnehmer.

»Du hast gespielt wie ein junger Gott«, sagte seine Lehrerin, als sie nach der Verkündung der Juryentscheidung in einem Café saßen. »Aber du hast den Wettbewerb nicht gewonnen, weil du ausgesehen hast wie ein junger Mann von der Straße.«

»Also wegen Äußerlichkeiten«, stellte der Pianist fest.

»Ja, wenn du so willst, wegen Äußerlichkeiten. Ich habe dich eindringlich gewarnt. Mehr konnte ich nicht tun.«

»Ich habe sehr viel von Ihnen gelernt, und dafür werde ich Ihnen immer dankbar sein. Jetzt ist die Zeit gekommen, meinen Weg allein weiterzugehen.«

Die Lehrerin wirkte besorgt. »Ich kann verstehen, daß du enttäuscht und vielleicht auch wütend über das Urteil der Jury bist, aber du solltest jetzt keine vorschnellen Entscheidungen treffen.«

»Meine Entscheidung ist nicht vorschnell. Ich bin auch nicht enttäuscht oder wütend. Mir ist eher so, als hätte mir der heutige Tag die Augen geöffnet und gezeigt, wohin ich nicht gehöre.«

»Und wohin gehörst du nicht?«

»In eine Welt, in der Äußerlichkeiten die Wahrnehmung des Inneren verhindern. Ich will weiter für die Klaviermusik leben, aber in einer Welt, in der es allein auf die Musik ankommt.«

»Und wo ist diese Welt?«

»Das herauszufinden ist jetzt meine Aufgabe.«

Einige Jahre später trafen sich der Pianist und seine ehemalige Lehrerin wieder in einem Café. »Hast du damals nach dem Urteil der Jury wirklich keine Wut, keine Enttäuschung empfunden?« fragte sie ihn.

»Nein, weder Wut noch Enttäuschung. Da waren andere, nie erlebte Gefühle in mir, die mir etwas Wichtiges sagen wollten, aber ich konnte ihre Sprache nicht verstehen. Ich spürte nur, daß sie sehr stark waren und ich mich ganz auf sie einlassen mußte, um herausfinden zu können, was sie mir sagen wollten. Dazu brauchte ich völlige Ruhe. Also sagte ich alle Termine ab und verbrachte die folgenden Wochen und Monate weitgehend zurückgezogen in meiner Wohnung. In den ersten Tagen rührte ich das Klavier nicht an, doch dann zog mich etwas mit unwiderstehlicher Macht zu ihm hin. Während ich eine Komposition von Johann Sebastian Bach spielte, empfand ich ein wachsendes Unbehagen in mir, das ich nicht kannte und mir nicht erklären konnte, bis ich plötzlich mitten im Stück abbrach. Um dann wie in Trance eine Tonfolge zu spielen, die ich noch nie gehört hatte. Eine Melodie, die mich in ihren Bann zog und wie von selbst immer mehr Gestalt, Farbe und Tiefe annahm, bis ich verstand, was mit mir geschah: Ich komponierte mein erstes Klavierstück.«

»Und das kam wie von selbst, ganz ohne Wollen, ohne Absicht?«

»Ja, es strömte so frei und dankbar aus meiner Seele, als hätte es schon lange auf diesen Augenblick gewartet. Ich hatte dabei ein so wunderbares Gefühl, wie es mir die Interpretation der großen Meister nie gegeben hatte. An diesem Tag verstand ich, was meine wahre Bestimmung war: Ich wollte nicht mehr nur die Stücke anderer Komponisten spielen, sondern auch eigene Musik komponieren! In den Wochen und Monaten darauf schrieb ich in einem wahren Schaffensrausch Dutzende von Klavierstücken. Es war, als wäre ein Bann gebrochen, als hätte sich eine Kraft in mir befreit, die lange gefangen gewesen war. Ein Jahr später präsentierte ich meine Kompositionen erstmals in Salons und kleinen Konzertsälen. In den folgenden Jahren wurden die Säle, in denen ich auftrat, immer größer. Und jetzt spiele ich meine Klavierstücke in den bedeutendsten Musikhäusern der Welt.«

»Ich habe deinen Weg mit großer Freude und Bewunderung und auch mit Stolz verfolgt«, gestand die Klavierlehrerin. »Du hast einzigartige Kompositionen voller Magie und Schönheit geschaffen, Werke für die Ewigkeit. Du bist ein berühmter Musiker geworden. Die Melodien deiner Seele verzaubern die Musikwelt. Und du trägst immer noch deine ausgeblichenen Jeans, deine Turnschuhe und Flanellhemden auf den Konzertbühnen. Du bist dir treu geblieben, obwohl sich dein Leben so sehr verändert hat. Ich habe mich oft gefragt, warum ich in all den Jahren, in denen ich dich unterrichtet habe, nicht erkennen konnte, welch begnadeter Komponist in dir steckt.«

»Ich habe es ja selbst nicht erkannt. Wie hätten Sie es da erkennen können? Zumal Sie vollkommen darauf konzentriert waren, mein Spiel zu verbessern.«

»Ja, wir waren beide nur darauf bedacht, dein Spiel zu verbessern. Wir waren zu sehr damit beschäftigt, dein Können als Interpret auszubauen, um zu erkennen, daß unweit von ihm eine wundervolle Quelle der Kreativität sprudelte. Ist es nicht seltsam, daß es einer Niederlage bedurfte, um dich zu einem Triumph zu führen? Nachdem die Jury damals den Preis, den zweifelsfrei du verdient hattest, einem anderen Teilnehmer verliehen hatte, habe ich befürchtet, daß diese Ungerechtigkeit dich aus der Bahn werfen und in eine Krise stürzen würde.«

»Das hat sie auch – wenn man eine Krise als einen Zustand betrachtet, in dem man erkennt, daß sich unbedingt etwas ändern muß. Das Urteil der Jury war das Beste, was mir damals passieren konnte. Denn es hat etwas in mir befreit, das mir den Weg zu meinem jetzigen Leben zeigte: zur Seele meiner eigenen Musik, zur Musik meiner eigenen Seele.«

Die Suche kann blind machen

»Wie bist du zu dem Menschen geworden, der du bist?« fragte eine junge Frau einen Mann, dem der Ruf vorauseilte, über ein hohes Maß an Selbsterkenntnis zu verfügen.

»Durch meinen Willen, es zu werden. Durch den Mut, den Weg zu mir zu gehen. Und durch die Liebe der Menschen, die mich dabei begleitet und geleitet haben.«

»Hättest du auch ohne die Liebe dieser Menschen zu dir gefunden?«

Der Mann schüttelte den Kopf. »Nein. Die Liebe, die mir geschenkt wurde, war vielleicht noch wichtiger und wirksamer als mein Wille und mein Mut.«

»Warum, glaubst du, wurde sie dir geschenkt?«

»Das weiß ich nicht. Ich bin nicht liebenswerter als andere. Ich hatte wohl das Glück, zur rechten Zeit die richtigen Menschen zu treffen.«

»War es wirklich nur Glück? Oder nicht doch auch Verdienst?«

»Warum fragst du mich das?«

»Weil es mir nicht an Willen und Mut mangelt, den Weg zu mir zu gehen, sondern an der Liebe, diesem Willen und Mut Flügel zu verleihen. Ich suche sie täglich, und einige Male glaubte ich schon, sie gefunden zu haben, doch dann erwies sie sich als flüchtige Verliebtheit oder Illusion.«

»Du solltest damit aufhören, sie täglich zu suchen. Ständige Suche kann blind machen für ihren Gegenstand. Liebe ist in ihrem Innersten immer eine Überraschung. Sie kommt zu uns oft gerade dann, wenn wir nicht nach ihr suchen.«

Die junge Frau wirkte ratlos. »Und was soll ich dann tun?«

»Sei täglich bereit und offen für die Begegnung mit der Liebe. Es ist die Offenheit, welche die Liebe anlockt. Und es ist die zielgerichtete Ausschau nach ihr, die sie oft vertreibt.«

»Über diese Worte werde ich nachdenken«, sagte die Frau beim Abschied.

»Denke nicht über sie nach«, riet ihr der Mann. »Versuche, sie zu fühlen. Das Herz sieht tiefer als der Verstand.«

Der gefangene Vogel

»Jeder Krieg ist sinnlos«, sagte ein Lehrer zu seinen Schülern.

»Aber warum haben dann alle Staaten der Welt Armeen?« fragte einer von ihnen.

»Um den Weltfrieden zu sichern«, antwortete ein anderer mit sarkastischem Tonfall.

Niemand lachte.

»Wenn man zu lange in der Sinnlosigkeit gefangen ist«, erklärte der Lehrer, »erkennt man sie nicht mehr. Der Vogel, der in einem Käfig geboren wird und dort aufwächst, empfindet seine Gefangenschaft nicht als solche.«

Besondere Geschenke

Ein armer junger Mann ging zu dem Haus einer reichen alten Frau, klopfte an ihre Tür und bat sie um ein Almosen. Die Reiche schenkte ihm eine große Goldmünze.

Als der Bettler seine Sprache wiedergefunden hatte, stammelte er: »Aber das ist doch kein Almosen! Von dieser Goldmünze kann ich ein ganzes Jahr lang leben. Das ist ein sehr großes Geschenk, das ich nicht verdient habe!«

»Deine Bescheidenheit gefällt mir«, sagte die reiche Frau und schenkte ihm zwei weitere große Goldmünzen. Verblüfft von solcher Großzügigkeit, nahm er sie nach längerem Zögern an.

»Wenn du bedacht damit umgehst, kannst du wohl drei Jahre lang von diesen Münzen leben. Du mußt dir keine Sorgen mehr machen. Ist das nicht schön?«

»Ja«, sagte der junge Mann, »das ist sehr schön. Aber ich wüßte noch etwas Schöneres, das Sie mir schenken könnten.«

»Sag mir, was du dir noch wünschst!«

»Schenken Sie mir die Großzügigkeit Ihres Herzens!« bat der Bettler.

Die alte Frau lächelte. »Dies ist ein wunderbarer Wunsch«, sagte sie, »aber den kann ich dir nicht erfüllen. Es gibt Wünsche, die ein Mensch sich nur selbst erfüllen kann. Es gibt Geschenke, die ein Mensch sich nur selbst machen kann. Dazu gehört das Geschenk der Großherzigkeit.«

Die Blüte der Magnolie

»Ich wollte, ich wäre ihm nie begegnet!« sagte die junge Frau und schüttelte den Kopf so heftig, als könnte sie ihre schmerzhaften Erinnerungen abschütteln.

»Ich kann verstehen, daß du so etwas sagst.« Der alte Mann nickte. »Ich kann es gut verstehen, aber ein solcher Wunsch ist nicht hilfreich. Schau mal in den Garten auf die blühende Magnolie. Ist sie nicht wunderschön?«

»Ja, aber was hat das mit mir zu tun?«

»Viel. Vor einem Jahr um diese Zeit saßen wir auch hier. Du warst frisch verliebt und sehr glücklich. Deine Augen strahlten. Und die Magnolie im Garten blühte.«

»Opa, worauf willst du hinaus?«

»Die Magnolie blüht so prächtig wie kaum ein anderer Baum. Sie ist die Königin der Gehölze. In ein paar Wochen wird sie ihre Blüten verloren haben. Aber deswegen werde ich mir nicht wünschen, sie nie blühen gesehen zu haben.«

Die junge Frau schüttelte unwillig den Kopf. »Das ist doch nicht vergleichbar.«

»Es ist durchaus vergleichbar«, widersprach ihr Großvater. »Du warst glücklich mit deinem Freund. Ein ganzes Jahr lang. Und jetzt wünschst du dir, ihn nie kennengelernt zu haben. Aber dann hättest du das Glück mit ihm nicht erlebt.«

»Aber auch nicht die Enttäuschung! Die Leere, die Verzweiflung, die elende Traurigkeit, mit denen ich jetzt kämpfe.«

»Das Sterben ist ein Teil des Lebens. Und wer liebt, muß bereit sein, irgendwann Abschied zu nehmen. Das ist jetzt deine Aufgabe.«

Die junge Frau schloß die Augen. »Er möchte, daß wir Freunde bleiben. Er hat es so gesagt wie in einer Filmszene. Verletzend klischeehaft. Am liebsten hätte ich ihn ...«

»Und was hast du getan?«

»Ich habe ihn mit seinem blöden Klischee stehenlassen. Ich bin einfach weggelaufen. Er hat in den Tagen darauf ein paarmal angerufen, aber ich bin nicht rangegangen. Ich will ihn nicht mehr sehen. Nie mehr!«

»Das ist in Ordnung. Wenn du ihn nicht mehr sehen willst, dann siehst du ihn nicht mehr. Dann finden deine Gegenwart und deine Zukunft ohne ihn statt. Aber du solltest dankbar sein für das Glück, das du mit ihm erlebt hast. Er hat dein Herz zum Blühen gebracht, er hat dir schöne Zeiten geschenkt. Auch wenn er dich jetzt im Stich gelassen hat: Du hast eine wunderbare Zeit mit ihm erlebt.«

»Ach, das ist doch nur eine Methode, eine Katastrophe schönzureden!«

»Nein! Ich rede nichts schön. Ich versuche nur, dir zu sagen, daß du das Jahr der Liebe wertschätzen sollst, das du mit ihm verbracht hast. Du darfst ihm nicht die

Schuld dafür geben, daß seine Gefühle zu dir sich geändert haben. Gefühle sind unberechenbar, niemand kann sie steuern, beim besten Willen nicht.«

»Das ist ein schwacher Trost, Opa.«

»Nein, das ist ein starker Trost! Die Dinge verändern sich, alles ist in Fluß. Die Kunst ist, das Wunderbare zu genießen, aber nicht zu verzweifeln, wenn seine Zeit vorbei ist. Wenn die Magnolie im Garten ihre Blüten verloren hat, werde ich ihr nicht vorwerfen, daß sie geblüht hat. Im Gegenteil, ich werde ihr für jeden Tag danken, an dem sie mir ihre Schönheit gezeigt hat. Keine Blüte dauert ewig. Und wenn sie ewig dauerte, würden wir sie nicht so lieben. Du leidest, weil du dich nicht von der Vergangenheit lösen willst. Doch das mußt du – je eher, desto besser. Und wenn dir das gelungen ist, wirst du dankbar dafür sein, daß du diese Liebe ein Jahr lang erlebt hast, auch wenn du sie gern länger genossen hättest.«

»Werde ich das wirklich? Ich weiß nicht. Ich wollte nicht, daß diese Liebe endet.«

»Das Leben und die Liebe, sie nehmen keine Rücksicht auf unseren Willen. Wir können den Lauf des Lebens nicht ändern. Wir können aber bestimmen, welche Haltung wir ihm gegenüber einnehmen. Und wenn wir etwas Wunderbares erlebt haben, das in Enttäuschung endete, sollten wir uns nicht auf das Enttäuschende, sondern auf das Wunderbare konzentrieren. Du hast es erlebt, es hat ein Jahr deines Lebens mit Schönheit und Glück erfüllt. Dieses Jahr kann dir niemand mehr nehmen. Betrachte die Enttäuschung als den Preis, den du dafür zahlen mußt. Vielleicht ist er gar nicht so hoch, wie er dir jetzt erscheint.«

Die junge Frau seufzte, stand auf, ging zum Fenster und sah auf den blühenden Baum. »Du meinst also, ich soll mir einreden, daß ich glücklich über das sein muß, was mich unglücklich gemacht hat?«

»Ja. Denn ich glaube, es ist letztlich besser, geflogen und abgestürzt, als nie geflogen zu sein. Deine Verzweiflung wird früher oder später vergehen. Und dann wirst du vor dem kahlen Baum deiner vergangenen Liebe stehen. Und du wirst verstehen, daß er dein Leben verschönert und bereichert hat, indem er dir seine Blüte schenkte. Wir können unsere Vergangenheit nicht umschreiben, aber sehr viel hängt davon ab, wie wir sie interpretieren. Und wenn du ein Jahr Liebesglück mit ein paar Wochen oder Monaten Kummer bezahlen mußt, dann solltest du diesen Preis zahlen, ohne dich beim Schicksal zu beschweren.«

»Woher weißt du, daß mein Kummer nur ein paar Wochen oder Monate dauern wird?«

»Ich weiß nicht, wie lange er dauern wird. Aber je dankbarer du für das erlebte Glück bist, desto kürzer wird er sein. Und je mehr du dich in die Verzweiflung darüber hineinsteigerst, daß es vorbei ist, desto länger wird dein Kummer dauern. Was das Leben mit uns macht, ist die eine Seite der Medaille. Was wir dann daraus machen, ist die andere Seite – und die ist oft die wichtigere.«

Die junge Frau seufzte erneut und wandte sich ihrem Großvater zu: »Ich weiß nicht. Das hört sich alles richtig an, was du sagst, aber es hilft nicht gegen die Traurigkeit.«

»Um ehrlich zu sein«, gestand er, »wenn die Magnolie verblüht ist, bin ich auch ein bißchen traurig. Aber diese Traurigkeit vergeht schnell wieder. Denn ich weiß: Die Magnolie wird erneut blühen.«

Beide sind eins

»Was ist deine tiefste Erkenntnis?« fragte ein Mann eine weise Frau.

»Das wahre Wesen der Seele und die Liebe sind eins.«

»Wie bist du zu dieser Einsicht gelangt?«

»Ich hatte Erlebnisse, die so tief und überwältigend waren, daß ich sie als mystisch bezeichnen muß. Erfahrungen, die nicht ohne meine vertrauensvolle Hingabe an die Liebe möglich gewesen wären. Diese Erlebnisse haben mir gezeigt, daß die Liebe eine höhere Kraft ist, in deren Bann ich aus dem alltäglichen Leben auf eine andere Ebene des Seins aufsteige: in eine Dimension des fühlenden Erkennens, in die man die Sprache nicht mitnehmen kann.«

»Was hast du dort gesehen, was hast du gefühlt?«

»Was man dort fühlt und sieht, kann man nicht beschreiben, aber das empfinde ich nicht als einen Mangel. Das Unbeschreibliche ist unbeschreiblich, Worte haben dort nichts zu suchen und zu finden. Worte, die jeder auf seine Weise verstehen oder mißverstehen würde. Deshalb ist das wahre Wesen der Seele so unbeschreiblich wie die Liebe. Und beide sind eins. Aber das sind nur Worte, deren Sinn du erst verstehen wirst, wenn du erlebt hast, was mich zu ihnen führte.«

Die Verschmelzung

Eine junge Frau verschrieb sich ganz der Musik, weil nichts auf der Welt sie mehr faszinierte als der Zauber der Klänge.

Sie wurde eine gefeierte Konzertgitarristin, doch selbst im rauschenden Applaus des begeisterten Publikums war sie nie wirklich glücklich. Sie hatte immer das Gefühl, nur das Herz, aber nicht die Seele der Musik gefunden zu haben.

Sie suchte ihr Leben lang vergeblich danach.

Als sie eine alte Frau geworden war, fand sie die Seele der Musik unverhofft in einem Gitarrenstück, das sie schon oft, aber noch nie tiefgreifend genug gespielt hatte. Ihr Atem stockte, ihre Augen schlossen sich, ein Lächeln verklärte ihr Gesicht. Die Seele der Musik öffnete sich ihr und nahm sie so tief in sich auf, daß sie ein Teil von ihr wurde.

Das letzte Lächeln

Ein Junge, der seine Großmutter im Krankenhaus besuchen wollte, verirrte sich in den langen Gängen des großen Hospitals. In seiner Verwirrung verwechselte er die Nummer des Krankenzimmers.

So öffnete er die Tür zu einem Raum, in dem eine fremde alte Frau in einem Bett lag, die ihn mit einem flehenden Blick anschaute und eine Hand nach ihm ausstreckte.

Der Junge ahnte, daß die Frau im Begriff war zu sterben. Sein Herz begann, schneller zu klopfen. Er spürte, wie ihm im ganzen Körper heiß wurde. Er bekam Angst vor der Begegnung mit dem Tod. Und doch wollten seine Beine nicht dem Befehl seiner Angst gehorchen, so schnell wie möglich zu verschwinden.

Einige Sekunden blieb er unschlüssig stehen, senkte den Kopf, starrte seine Schuhe an und wußte nicht, was er tun sollte.

Als er den Blick wieder hob und sah, daß die Frau ihn immer noch mit einem Flehen in den Augen anschaute, das ihm fast das Herz zerriß, ging er kurzentschlossen auf sie zu, nahm ihre ausgestreckte Hand in seine beiden Hände und setzte sich neben sie auf ihr Bett.

»Danke«, flüsterte die alte Frau, während Tränen über ihr Gesicht liefen.

Auch dem Jungen standen Tränen in den Augen.

Im Zimmer war es so still, daß er sein Herz schlagen hörte. Seine Angst war ohne ihn geflohen.

Das dankbare Lächeln, das die alte Frau ihm schenkte, bevor sie für immer die Augen schloß, sollte er sein Leben lang nicht vergessen.

Als er das Krankenhaus wieder verließ, war ihm bewußt: Bei seiner Suche hatte er sich nicht geirrt. Er hatte das richtige Zimmer gefunden.

Inhaltsverzeichnis

Foto: © Hans Kruppa

Catherine Ducloux verbrachte ihre Kindheit und Jugend in La Guiche in der Bourgogne. Sie studierte Germanistik an der Universität Lyon und schloß ihr Studium mit dem Magistertitel ab. Danach zog es sie nach Norddeutschland, wo sie Französisch an verschiedenen Privatschulen unterrichtete. Anschließend war sie fünfzehn Jahre als Bibliothekarin am Institut français in Bremen tätig. Catherine ist in Bremen geblieben und lebt ihren großen Traum, die Malerei, immer aufs Neue. Sie hat zahlreiche Bücher von Hans Kruppa illustriert.

Foto: © Catherine Ducloux

Hans Kruppa, Jahrgang 1952, ist einer der meistgelesenen deutschen Dichter und Erzähler. Er lebt als freier Schriftsteller in Bremen. Seine Gedichte und Märchen, Erzählungen und Romane, Aphorismen und Kurzgeschichten hat er in mehr als 140 Büchern mit einer Gesamtauflage von über 2,5 Millionen Exemplaren veröffentlicht. Mehrere Bücher wurden auch in andere Sprachen übersetzt. Für sein schriftstellerisches Werk wurde Hans Kruppa mit dem New Yorker Otto-Mainzer-Preis ausgezeichnet.

www.hans-kruppa.de

Besuchen Sie uns im Internet:
www.bene-verlag.de

MIX
Papier | Fördert gute Waldnutzung
FSC® C083411
www.fsc.org

Originalausgabe März 2024

Ein Imprint der Verlagsgruppe
Droemer Knaur GmbH & Co. KG, München.

Gestaltung: Maike Michel
Covermotiv und Illustrationen im Innenteil: Catherine Ducloux
Druck und Bindung: CPI books GmbH, Leck
ISBN 978-3-96340-278-4

5 4 3 2 1